從零開始輕鬆學！

日本史
看看就好
筆記

監修
小和田哲男
Tetsuo Owada

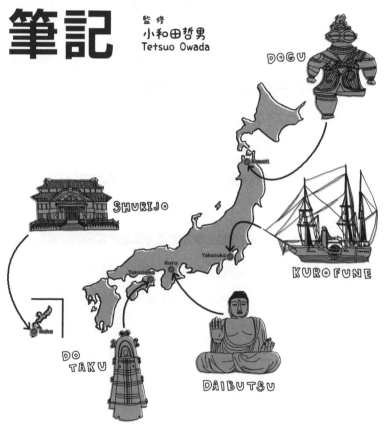

DOGU

SHURIJO

KUROFUNE

Aomori

Yokosuka

Nara

Tokushima

Naha

DOTAKU

DAIBUTSU

透過插圖掌握
日本史的脈絡！

　　各位在看日本大河劇或時代劇時，會忽然靈機一動，對劇中的細節產生疑問嗎？「天皇、將軍，還有主公，為什麼會這麼偉大呢？」「為什麼大家都必須聽從這些人所說的話？」……天皇和將軍，其他還有藤原氏、平氏、明治政府等等，這些推動歷史的人，為什麼時而受到人民臣服、時而又被推翻呢？只要了解日本史的脈絡，就能完整解答這些疑惑了。

　　不過，想要理解日本史的脈絡，學校的歷史課並非最適合的選擇。理解歷史脈絡的關鍵是 —— 在短時間內一口氣通讀並領會大略的重點。學校課程都是每週花上幾個小時，慢慢教授切割成碎片的日本史細節。整段脈

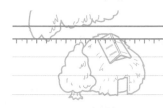

絡以一小時為單位，咔擦咔擦地分切開來，容易讓學生在課後納悶：「上一堂課究竟講了什麼啊？」於是我們在這些零碎的片段中，充其量只能記住那些印象比較深刻的日本史斷簡殘篇，就這麼從學校畢業了。當戲劇等等媒介以日本史為背景時，通常只會凸顯特定的時代，這或許也要歸因於學校歷史課的教學方法吧。

本書盡可能將一流大學考生才會背誦的歷史用語、語句的使用頻率縮減至最少。相對地，為了讓讀者可以**簡明厄要一口氣重新學習日本史大致的脈絡**，書中是以插圖方式呈現，幫助大家從視覺、直覺性地理解從人類登陸日本直到TPP（跨太平洋夥伴全面進步協定）的日本歷史。本書能大力幫助各位讀者理解日本史的脈絡，並思考今後該如何生存。畢竟，**日本史的脈絡，也是預測日本未來走向的線索……。**

日本史看看就好筆記
contents

流行時裝 CHECK

Column

chapter 01

舊石器、繩文與彌生時代

直到20世紀中葉以後，我們才對日本人生存過的這個時代有了比較深入的了解。總之，這個時期可以說是日本歷史的開路先鋒，也是有待考古開拓的最大荒野。

01 遠古時代的日本人，究竟來自何方？

　　日本人的根源，包含從東南亞登陸日本列島的移民團體，以及從東北亞登陸的遷徙移民，**據推測現今的日本人可能是兩者的混血**。當時的海平面較低，日本列島與歐亞大陸的距離比現在還要窄，一直到大約一萬年前，才形成類似現在的海岸線與地形樣貌。

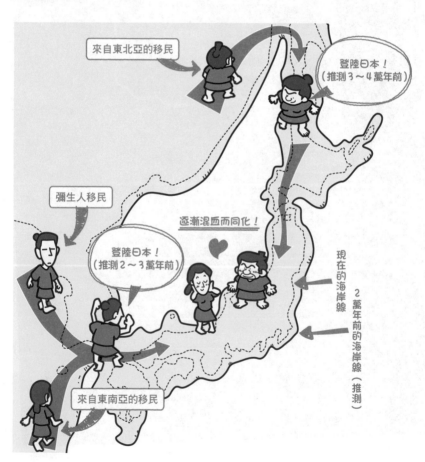

這款臉型，一看就知道是繩文人！

頭蓋骨偏大

鼻梁較高
五官輪廓鮮明

繩文人的臉部特徵

日本考古出土的古代人骨化石，大多具備繩文人的特徵，所以可以推測繩文人比較早登陸日本。

> 繩文人的五官和澳洲原住民非常相似，因此也有說法主張繩文人是移民在遷徙途中的分支。

這款臉型，一看就知道是彌生人！

鼻梁較低
五官輪廓較扁

臉較長

彌生人的臉部特徵

考古發現具備彌生人特徵的人骨化石，都是出土於時代稍晚一點的遺跡。這個移民團體是從朝鮮半島登陸九州。

> 彌生人的人骨主要出土自九州北部和中國、近畿地區，他們和早已定居當地的繩文人混血後同化。

從遺傳的特徵來看，來自東南亞與東北亞的先人移民屬於繩文人，之後從朝鮮半島過來的移民團體則屬於彌生人。但這個現象並不是代表居住的人種交換了，而是兩者不斷混血後，最後才成為日本人的祖先。現代日本人都繼承了這兩種人的血脈，才會誕生出其中一方特徵比較明顯的後代。

02 從狩獵、採拾到種稻，生產形式的變革

　　約三萬五千年前至一萬三千年前，處於**舊時代後期**和**新石器時代**的日本人，其食物來源是利用石器或陷阱來捕捉動物，或是採拾橡實等樹木的果實。雖然日本列島境內有諾氏古菱齒象、鹿、山豬等動物棲息，但數量隨著狩獵而愈來愈稀少，因此最後**採集植物**在食物來源中占了很大的比例。

▨ 繩文人的樹果料理

2.將果實搗成粉

1.採集樹木果實

太硬了，不搗成粉
根本不能吃……

3.粉末加水揉成團

味道還很澀，
吃不下去……

煮起來好麻煩，
又不方便……

4.水煮去除澀味後再食用

到了繩文時代，日本人開始**栽種薯芋和豆類**，最後開闢農田種稻。在彌生時代，**耕作水田種稻**的作法慢慢普及。日本人開始農耕生活後，食物來源得以穩定下來，於是村落的**人口也逐漸增加**。後世學者按照這段時期發展的土器形式，劃分成繩文時代與彌生時代。

03 繩文文化與彌生文化，住宅有什麼差異？

　　石器時代的日本人，過的是追逐獵物棲息地的遷移生活；到了繩文時代，便開始在能夠大量採集樹果、捉到較多動物和魚類的土地上**定居**，形成村落。這個時期的住宅，是在地面挖出洞穴再加上屋頂所構成的**豎穴式住居**，村落裡還設有廣場和垃圾場，使同一祖先的血緣集團得以傳承。

繩文時代

打獵囉——！

去除食物澀味
這些工作都是在
村落中心的廣場進行

豎穴式住居

垃圾要丟在
固定的地方哦

日後的貝塚

大型建築

彌生時代

住宅一點進步也沒有啊……

高床式倉庫

地板太高，偷不到穀物……

別踩進我家土地！

採收後就儲藏到倉庫裡吧

有地位的人連墳墓都很豪華……

和陪葬品一起下葬

彌生時代開墾出廣大的農田，人也就必須定居在當地。繩文時代的人或許也會發生獵場糾紛，但是土地糾紛變多的原因，應該還是跟人們開始定居有關……。

　　進入彌生時代，村落四周開闢出壕溝（防止敵人入侵的溝渠）和土壘（防止敵人入侵的土堆），這個現象就表示**各個村落之間的紛爭**變多了。此外，人們也開始建造墳墓，埋葬文化十分發達，也是這個時期與繩文時代最大的不同。此時也開始出現**以血緣關係為基礎的氏族**文化，並衍生出祭祀祖先的儀式。

04 繩文文化與彌生文化，工具有什麼不同？

　　日本從大約一萬六千五百年前最古老的無文土器（素面土器），開始發展出土器文化。到了大約一萬三千年前，帶有繩狀花紋的**繩文土器**出現以後，人們開始為土器表面施加各式各樣的裝飾。土器的用途主要是炊煮食物、儲藏糧食，以及去除樹果的澀味等等。

▨ **繩文土器的變遷**

這時還沒有轆轤
是把土搓成條圈成圓圈
一圈圈疊起來做成土器

約4,000年前～紀元前數世紀的繩文土器

約6,000～4,000年前的繩文土器

這個土器就像
火焰一樣
很有藝術感吧？

土器使用時
會埋進地面的洞裡
所以底部做成尖的

約13,000～6,000年前的繩文土器

朝鮮半島的金屬工藝傳入日本

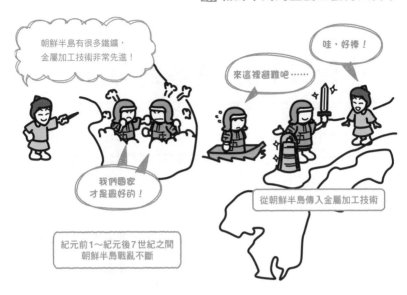

彌生時代的銅鐸變化

　　到了彌生時代，日本人開始使用銅劍和銅鐸等**金屬器具**。當金屬從朝鮮半島傳來，日本也得以自行生產以後，銅劍便出現在北九州到近畿一帶，銅鐸則是以近畿為中心呈同心圓擴散各地。起初日本人還只能製作小巧的青銅器，但隨著時代進步，**技術提升**並能生產大型銅器後，才開始用於儀式和祭祀等場合。

05 繩文人與彌生人的貿易範圍最遠到哪裡？

　　繩文與彌生時代的人也會進行貿易活動。交易品除了石器以外，還有翡翠、讚岐岩、**黑曜石**等等，這些出土古物**只要檢查成分便可以分辨原產地**。如果在繩文時代的青森遺跡挖掘出福井縣產的翡翠，便可以證明兩地在繩文時代**曾經進行過交易**。

從漁業看繩文人的航海技術

　　在宮城縣的室濱遺跡和靜岡縣的大畑遺跡，都有鮪魚等遠洋魚類的骨頭出土。由此可得知繩文人從此時就已經具備高度的航海技術。

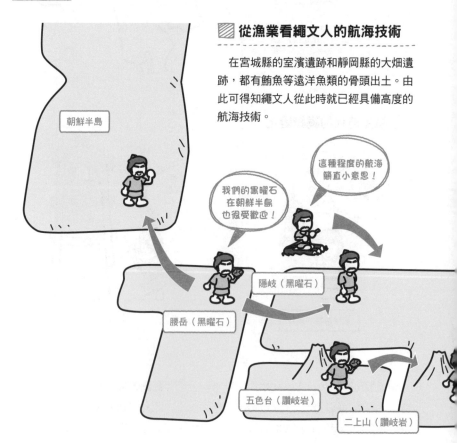

朝鮮半島

我們的黑曜石在朝鮮半島也很受歡迎！

這種程度的航海簡直小意思！

隱岐（黑曜石）

腰岳（黑曜石）

五色台（讚岐岩）

二上山（讚岐岩）

除此之外，還有島根縣隱岐島產的黑曜石在中國地區挖掘出土、北海道白瀧產的黑曜石在庫頁島出土、佐賀縣腰岳產的黑曜石則在朝鮮半島出土，根據這些考古結果，我們便可以透過主要的**黑曜石貿易範圍**，來探索**繩文時代的航海技術**。

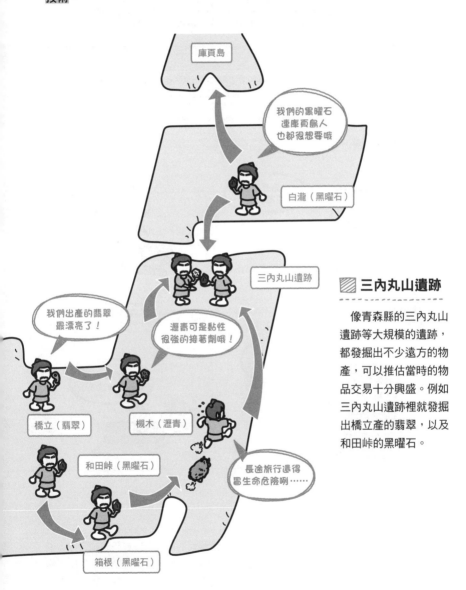

庫頁島

我們的黑曜石連庫頁島人也都很想要哦

白瀧（黑曜石）

三內丸山遺跡

我們出產的翡翠最漂亮了！

瀝青可是黏性很強的接著劑哦！

橋立（翡翠）

槻木（瀝青）

和田峠（黑曜石）

長途旅行還得冒生命危險咧……

箱根（黑曜石）

▨ 三內丸山遺跡

像青森縣的三內丸山遺跡等大規模的遺跡，都發掘出不少遠方的物產，可以推估當時的物品交易十分興盛。例如三內丸山遺跡裡就發掘出橋立產的翡翠，以及和田峠的黑曜石。

19

06 巨大村落的遺跡和 邪馬台國有什麼關係？

　　進入**彌生時代後期**，分散各地的小村落開始合併成為大型村落。這些聚集形成大型勢力的村落當中，有些會與周邊的村落交戰，甚至還與東漢等大陸國家展開貿易，就連中國史書上也有相關的記載。而這些大型村落當中最具代表性的，就是**邪馬台國**。

▨ 冊封體制與朝貢

　　所謂的冊封，是指中國的皇帝（天子）授予周邊國家的國王、族長等領袖名號，使其成為名義上的下臣。只要周邊國家帶來貢品（朝貢）、受皇帝認可受封，就能獲得證明的印璽。得到印璽這件事，對彌生時代的村落而言，等於是自家勢力獲得中國的公認，在外交上十分有利。而日本最著名的印璽，應該就屬志賀島出土的金印了。

▨ 邪馬台國在哪裡？

邪馬台國曾記錄在《魏志·倭人傳》當中，但若是根據這份紀錄的距離和方位行進，最後抵達的卻是海上，可推測紀錄內容或許有誤。因此，邪馬台國的位置主要以畿內說、九州說為中心，至今仍議論不斷。

我該回哪裡才對呢……？

唐古·鍵遺跡

位於奈良縣，為彌生時代大規模（約30萬平方公尺）的環濠村落遺跡。根據邪馬台國位於畿內的說法，這裡是比較有力的推定地。

吉野里遺跡

位於佐賀縣，彌生時代大規模（約50萬平方公尺）的環濠村落遺跡。根據邪馬台國位於九州的說法，這裡是比較有力的推定地。

彌生時代與中國的貿易，是採取**朝貢**的方式獻上貢品、換得象徵權威的金印。雖然進行這種貿易的邪馬台國究竟位於日本何處，至今仍然眾說紛紜，但是從遺跡的規模來看，最有可能的地點就是唐古·鍵遺跡所在的**畿內**，或是吉野里遺跡所在的**九州**。

流行時裝 CHECK

舊石器、繩文與彌生時代

◎ 天冠

這是有身分地位的人才能戴的頭冠，據說是從古代中國傳到周邊國家的飾品。戴的重點是要先紮出清爽俐落的髮髻。

◎ 首玉

上面繫著金銅製的小鈴鐺，行走時會發出清涼悅耳的聲音！當時的日本人相信鈴鐺聲具有驅邪的力量。

彌生時代‧巫女

◎ 大袖衣

衣服上的紅色染料是使用丹土（硫化汞）、弁柄（氧化鐵）與植物製成。

在《魏志‧倭人傳》等古籍中並未描述日本顯貴人士的穿著打扮，上圖是根據考古資料所繪成。當時的顯貴人士會先穿上小袖（窄袖），外面套一件大袖（寬袖）衣與貫頭衣，再繫上腰帶；內裏的裳是兩條像褲管一樣的長筒，腳穿皮製的鞋子。雖然布料材質不詳，但彌生時代就已經發現絹織品的蹤跡了。

◉ **布**

從繩文時代開始就已經有縫針，但普遍都是將布綁起來。

◉ **皮革頸飾**

這個時代的流行配件都是採用皮革製成。皮革技術也是向大陸移民過來的歸化人學來。

◉ **皮革腳絆**

具備行走時可保護小腿不受草木割傷的作用。簡單中散發出的自然實用之美，值得仔細欣賞。

彌生時代·一般男子

　　根據南梁（六世紀）的《職貢圖》摹本，可以得知當時的倭人（日本）男子是將布料當作披肩般在身前打結固定，腰部的穿法也一樣。由此可推論彌生時代的男性都傾向直接將布匹打結而不多加縫紉。根據《魏志·倭人傳》記載，彌生人穿的布料材質為木緜（楮樹皮），也有說法認為當時布料應以麻為主。

納豆小販

發現了舊石器時代？

民間學者刷新考古學的歷史

1949 年，考古學家從群馬縣岩宿遺跡的關東壤土層中挖掘出蛋型的石器。這項**考古發現之前**，學者認為關東壤土只是火山劇烈噴發後沉積的地層，在地層形成前（大約 1 萬年前），日本應該還是一片無人居住的荒蕪土地。但是隨著這件石器出土，證實日本曾經歷過舊石器時代。

雖然公開這項發現的人是**明治大學的杉原莊介**，不過當初將岩宿裡有石器出土這件事通知杉原的人，其實是當地的納豆小販**相澤忠洋**。相澤從小就對考古學抱以濃厚的興趣，而且**小販這一行比較方便安排發掘工作的時間**，所以他才會選擇這份職業。但是，相澤的功勞卻受到考古學會嫉妒，這項發現為他帶來的風評並沒有持續太久，不過他依舊繼續踏踏實實地從事發掘調查。現今考古學界的相澤忠洋獎，便是以民間業餘考古研究者為頒發對象，這個獎項也使相澤名留青史。

chapter 02

「古墳與飛鳥時代」

這個時代的日本人，開始想要建立國家。但是，一個國家需要哪些條件才能成立呢？需要天皇之類的偉大領袖？法律？還是雄偉的首都？建國之路實在是崎嶇險峻……

01 日本各地的古墳是出於什麼目的而建造？

　　史前時代村落裡的長方形墳墓，最後逐漸演變成巨大的規模，到了三世紀左右，開始出現由圓形與四方形構成、前方後圓墳的**古墳**。建造古墳與樓閣建築大不相同，需要非常多的勞力（經濟力）和技術（測量和石工），是基於**誇耀權力和勢力**的目的而建造。有大型古墳的地方，就代表那裡曾有大型的國家。

我很偉大所以墳墓也要很雄偉才行！

圓墳

我更偉大所以需要打造出與眾不同的造型

前方後方墳

大阪府的前方後圓墳——大仙陵古墳，最長邊有486公尺、最高有35.8公尺，是日本最大的古墳，面積比秦始皇的陵墓還大。

我的古墳比秦始皇更寬敞哦！

前方後圓墳

常見的陪葬品

反正機會難得
陪葬品也要講究才行

銅鏡

舟型埴輪

銅劍

薄葬令

這是依據身分地位，
限制墳墓與埋葬儀式的
法令。目的也是為了減
輕民眾的負擔。

少蓋那些
自以為是的東西！

真失望……

　　古墳在七世紀以前便普及至全日本，但是**大和王權**在六四六年的大化革新中
頒布了薄葬令，**限制墳墓的規模和豪華的陪葬品**。各地區的權貴人士都必須遵
守這個法令，就事實而言，古墳時代也就於此告終。薄葬令可以說是大和王權
為了使各地臣服，所採取的**中央集權**政策之一。

02 古日本與動盪東亞的外交關係和文化交流

　　彌生時代後期至古墳時代，中國的統一王朝東漢滅亡，進入魏晉南北朝時代，同一時間朝鮮半島也分裂成三韓。**東亞處於群雄割據的時代**。日本在這個複雜的外交局勢中，為了**追求尖端技術和鐵礦**而與朝鮮半島的百濟建交，以任那為地盤**深入朝鮮半島**，與新羅、高句麗為敵，最終爆發白江口之戰。

柔然 vs 高車、突厥

　　5世紀中葉以前，柔然以強大勢力著稱，但是自從麾下的高車和突厥獨立以後，便逐漸衰亡。

柔然

北魏

北魏 vs 柔然

　　北魏原本是由一支名叫鮮卑的游牧民族所建立，後來掌控黃河流域一帶，成為半農半游牧的國家。北魏在4～5世紀期間，與勢力最大的游牧民族柔然對立。

宋（南朝）vs 北魏

　　掌控長江流域一帶的南朝劉宋，聯合各地游牧民族與北魏抗衡。

宋（南朝）

有勞你遠道而來

在下攜帶貢品前來請陛下承認我國的政權

　中國史籍《宋書》與《梁書》裡關於日本這段時期的記載當中，出現了**倭五王**這號人物，這五人有可能是大和王權的最高統帥。根據這份紀錄，可以得知日本從這個階段開始便**積極與中國締結外交關係**，這個傾向也一直持續到平安時代中期。

4～7世紀期間，朝鮮半島有高句麗、新羅、百濟三國爭奪霸權，這場爭戰使日本和北方游牧民族、中國結盟，建立緊密的連結。

契丹

高句麗

新羅

跟哪一邊建交才有利呢？

任那

百濟

我們與日本關係非常密切

倭（日本）

▨ **倭五王**

　根據中國史書記載，整個5世紀期間共有5名倭王前往中國朝貢，分別名為讚、珍、濟、興、武，但真實身分仍有待考證。

29

03 蘇我氏的崛起是因為背後有大陸文化撐腰？

　　日本透過外交**引進大陸的文化**，像是漢字、佛教思想、冶金技術、馬具與馬術，還有登窯等等。從大陸而來、將技術和文化帶進日本的人，就稱作**渡來人**。但是，日本卻也**以佛教為中心形成派閥對立**，分為主張應接受傳入文物的團體（蘇我氏），以及主張應當拒絕的團體（物部氏）。

這可是現在中國正當紅又尊貴的佛教教義哦

百濟的渡來人

這是啥啊！

欽明天皇

聽說這個很紅我應該信仰祂嗎？

既然外國這麼流行就來信看看吧！

我們豈能違背日本的傳統思想！

▨ 崇佛論爭

　　5世紀中葉，百濟的外交使節將佛教引進日本。積極接納佛教的崇佛派，與排拒佛教的廢佛派發生爭鬥，最後由崇佛派勝出。

蘇我氏（崇佛派）

物部氏（廢佛派）

百濟的渡來人

蘇我氏

▨ **登窯**

這種斜坡構造的窯，可以均勻高溫燒製土器和瓦，得以大量生產堅固的陶器。

　　其中願意積極吸收渡來人帶來的技術的氏族，就是**蘇我氏**。蘇我氏藉由這些優越的技術打下基礎，**加強自族的勢力**。但由於他們篤信佛教，因此與執掌祭神職務的中臣氏、物部氏的對立也逐漸加深。雙方的齟齬愈來愈激烈，到了西元五八七年，蘇我馬子便率軍攻打並消滅物部守屋。

04 聖德太子與蘇我氏執政，豪族政治的轉捩點

在聖德太子之前，日本是以天皇為中心，由蘇我、物部、大伴、葛城等氏族組成的**有力氏族聯盟**執掌政治。雖然中央朝廷採取**每個氏族各司其職的分工制**，但經常出現其中一個氏族有所不滿、導致該氏族負責的職務拖垮整個政治體系的狀況。

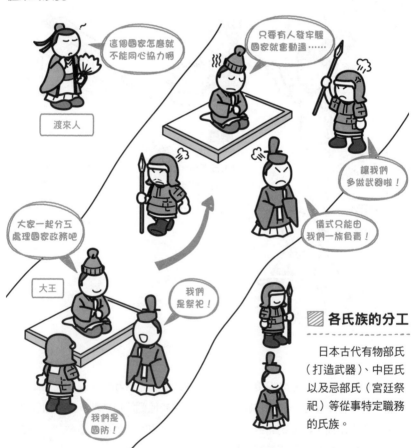

這個國家怎麼就不能同心協力啊

渡來人

只要有人發牢騷國家就會動盪……

讓我們多做武器啦！

大家一起分工處理國家政務吧

儀式只能由我們一族負責！

大王

我們是祭祀！

我們是國防！

各氏族的分工

日本古代有物部氏（打造武器）、中臣氏以及忌部氏（宮廷祭祀）等從事特定職務的氏族。

聖德太子為了改善這個狀況,與蘇我馬子一同制定了冠位十二階。這個制度就是由朝廷**直接聘用人才,不再採取豪族世襲制**,再由這些官僚推行政策。如此一來,便削弱了蘇我氏以外的豪族的影響力,然而卻也同時**強化蘇我氏的影響力**,結果造成蘇我氏的權勢大到足以凌駕天皇家。

05 日本與中國的碰撞，遣隋使帶回的文化贈禮

　　隋統一了動盪的中國，所以日本依舊像以前派遣使者拜訪北魏和南宋一樣，繼續派遣使者前往隋，這個使者就稱作**遣隋使**。日本在此時是**打算與隋建立對等的外交關係**，但中國自古以來的外交方針就是將外國視為從屬地位（中華思想），因此兩國對等的外交關係並沒有成立。

▨ 隋煬帝沒有發火嗎？

　　隋煬帝得知日本希望雙方對等外交時，並沒有正面回應。不過，《隋書》裡也沒有提到他因為日本的失禮而勃然大怒，反而還派遣使者裴世清前往日本給予答覆。由於裴世清是文林郎（學藝文官），所以隋煬帝可能是想派他教育日本人國書的行文方法。

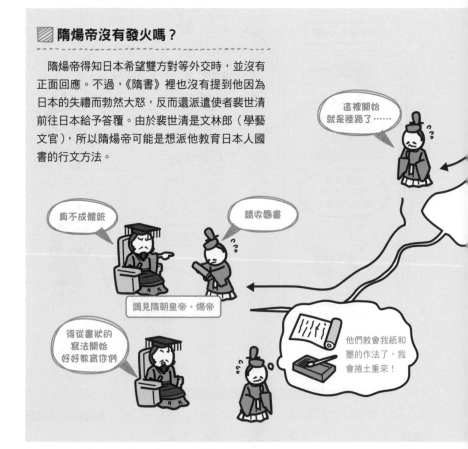

這裡開始就是陸路了……

寫不成體統

請收國書

謁見隋朝皇帝·煬帝

得從書狀的寫法開始好好教育你們

他們教會我紙和墨的作法了，我會捲土重來！

另一方面，多虧日本派了遣隋使，才能學到佛教、曆法、天文、地理、音樂、藥學、紙墨與畫具等知識與做法。日後實行的大化革新，就是由**留學隋國的學者**導入學到的中央集權制、律令制、稅制等政治體系，以及他們開設私塾教育出的人才所推動。

小野妹子的遣隋使旅程

我們跟高句麗不怎麼要好我有點恐怖……

我來帶路吧

高句麗

請休息

百濟

我們跟百濟關係很好可以安心休息

這卷國書要確實交到隋國皇帝手上

隋的皇帝是天子那我們的天皇也能稱為天子吧？

聖德太子

607年，小野妹子出發

日本海真是波濤洶湧……

日出處天子

聖德太子在國書所寫的內容，其實目前只能從《隋書》得知一二。天子是只有中國皇帝才能使用的稱號，但聖德太子也同樣以此稱呼日本的天皇，因此可以解讀為日本希望與隋建立對等的外交關係。

06 從豪族到朝廷中心，大化革新建立全新體制

　　聖德太子逝世後，蘇我氏統治大多數的部民（私有民），權力大到幾乎凌駕於天皇之上。不願樂見局勢如此發展的中臣鎌足，便與中大兄皇子等人聯手，於六四五年**發起乙巳之變消滅蘇我氏**。兩人之後也削弱了豪族的勢力、加速鞏固**以天皇與朝廷為中心的政權**。這場改革就稱作**大化革新**。

▨ 天皇與豪族的部民統治

　　當時，天皇和豪族麾下都有各自的部民臣從，也有自己的人力資源。

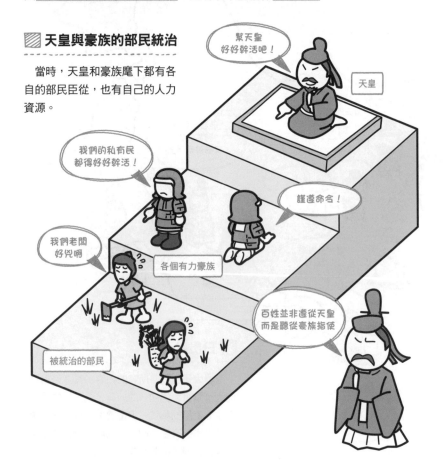

緊天皇好好幹活吧！

天皇

我們的私有民都得好好幹活！

謹遵命令！

我們老闆好兇啊

各個有力豪族

被統治的部民

百姓並非遵從天皇而是聽從豪族指使

▨ 乙巳之變

以中大兄皇子為中心的勢力起兵發起政變，藉此消滅權勢足以威脅天皇的豪族蘇我氏。天皇家此後才漸漸能夠直接統治人民，而不必透過豪族當中間人。

從今天開始土地和人民都直屬天皇！

死吧！

呃啊

中大兄皇子

蘇我入鹿

下次被殺的可能就是我了……

雖然老闆換人當但我們一樣是任憑使喚的奴才啊……

此次政變形成先例，若豪族勢力太強，就會遭天皇殺掉。今後凡是公然與天皇家作對的氏族，通通都滅亡了。

大化革新主要是為了集權中央而推行的改革。朝廷陸續制定將豪族私有的田地和人民歸為天皇所有的「**公地公民制**」、設置國與郡以增加朝廷直轄地的「郡國制」，以及要求人民登記戶籍和帳簿才可租借公地的「班田制」，透過這些制度削減豪族的財產。

07 古日本最大規模內亂，壬申之亂的歷史意義

　　大化革新使日本踏上**律令國家**之路。律令是指明文記載的法律，而實行律令制的目標便是將日本發展成類似隋和初唐的**中央集權法治國家**。雖然中央集權是由天皇家所推行，但是卻引發家族內的大友皇子與大海人皇子對立，並於六七二年爆發**壬申之亂**。

▨ 天智天皇駕崩（672年）

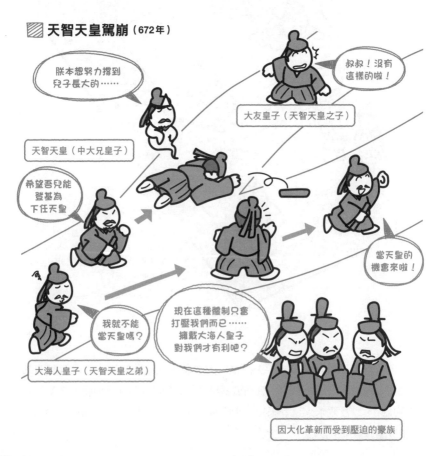

朕本想努力撐到兒子長大的……

天智天皇（中大兄皇子）

叔叔！沒有這樣的啦！

大友皇子（天智天皇之子）

希望吾兒能登基為下任天皇

當天皇的機會來啦！

我就不能當天皇嗎？

現在這種體制只會打壓我們而已……擁戴大海人皇子對我們才有利吧？

大海人皇子（天智天皇之弟）

因大化革新而受到壓迫的豪族

壬申之亂

　　天智天皇駕崩後，大海人皇子便招攬對天智天皇政權抱以不滿的眾多地方豪族一同出兵，消滅天智天皇指名繼位的大友皇子，而後大海人皇子登基成為天武天皇。

是我們贏了！

大海人皇子與地方豪族

大友皇子與都城周邊的豪族

皇親政治

　　天武天皇排除在壬申之亂中支持大友皇子的都城周邊豪族，並將空出的官位賜封給皇親國戚，計劃實行以皇族為中心的政治。

你們要遵循天皇旨意努力做事哦！

天武天皇（大海人皇子）

受到提拔的皇族

　　在壬申之亂中獲勝的大海人皇子，即位成為 天武天皇 。由於天武天皇是憑藉地方豪族的勢力才得以取勝，因此即位後便下令排除那些曾與自己為敵的畿內有力豪族，並奪取這些豪族原有的官位，改賜封給皇族，實行 以天皇為中心的 皇親政治 。這種政治體制就這麼一直持續到八世紀初。

08 從飛鳥到藤原京，朝廷不得不遷都的理由

天皇的住居，原本是在飛鳥（現在的奈良縣明日香村周邊）一帶的岡本宮等「宮」內，自從遷都藤原京和平城京後，才開始定居於「京」。「京」是參考中國的長安城，在「宮」的周圍加上**條里制**（將土地規劃整頓成棋盤式格局）的**都市計畫**，才能建設成如此壯麗的都城。這也是中央集權的象徵。

飛鳥周邊

飛鳥川

畝傍山

朕住的宮哦！

小墾田宮（稱德天皇的宮）

告辭……

新天皇上任當然需要建新的宮啊

每個天皇都是住完宮就丟根本不可能建造出壯闊的都城啊！

朕專屬！

群山環繞好擠排水也很差……

岡本宮（舒明天皇的宮）

天香久山

　　以前，每一位天皇都有自己專屬的「宮」，因此每次政權交替時就需要遷都（遷宮）；如果改成「京」的話，天皇要遷都就沒那麼簡單了。因此，**「京」開始具備首都的機能**。不過，於西元六九四年定都的藤原京，面臨排水不良等問題，都市計畫宣告失敗，**七一〇年才遷都至平城京**。

> 不能選像飛鳥和藤原京那樣群山環繞的地方！必須大規模標遷移才行

> 排水太差藤原京的建都計畫失敗了

文武天皇（整頓藤原京）

元明天皇
（下令從藤原京遷都平城京）

> 在這裡建個像長安一樣的條里制都城吧！

遷都平城京（710年），
採用棋盤式的都市計畫（條里制）

耳成山

藤原京的缺點

　　目前考古已證實藤原京曾經建造過大規模的都城。但是，藤原京大部分的區域都被畝傍山、天香久山、耳成山這三座山圍繞，排水不良，所以才決定於北方的平城京建造新的都城。

09 飛鳥文化與白鳳文化帶來哪些文明傳承？

　　日本持續與朝鮮半島和中國大陸交流，從六世紀中葉開始，**富有國際色彩的佛教文化**也在日本蓬勃發展。其背景可以追溯至國際派氏族蘇我氏在政治鬥爭中獲勝、勢力增強的緣故，因此此時期的文化就稱為**飛鳥文化**。在這個時代，陸續建造了四天王寺、法隆寺、飛鳥寺等聲名遠播的佛教建築。

這是佛教奧書的教諭……

蘇我氏（崇佛派）

佛教要是傳開我們這些神職人員害丟了飯碗！

物部氏（廢佛派）

既然佛教如此可畏那天皇家也來建寺好了

天皇

你敢有意見我就滅了你

混帳……

▨ 飛鳥文化

　　崇佛派的蘇我氏贏得政治鬥爭，掌握實權。以佛教為中心的飛鳥文化受到蘇我氏和天皇家等有力人士支持，得以蓬勃發展。

📝 高松塚古墳壁畫

古墳壁畫源自白鳳文化末期。雖然墳中的下葬者身分不詳，但棺內四周畫有代表東西南北的四神（青龍、白虎、朱雀、玄武）。這種構思正是模仿自詡為世界中心的中國。

飛鳥文化又進一步孕育出更華麗的**白鳳文化**，以藤原京為中心，因天皇和貴族嗜好推波助瀾而繁榮興盛。飛鳥文化的佛像多為木造，但是到了白鳳文化則出現愈來愈多金銅像，也留下許多壁畫等繪畫作品。**高松塚古墳**的棺內四面分別繪有四神獸，可見當時日本志在仿效中華思想，發展為中央集權國家。

這是參考高松塚古墳壁畫等繪有身著朝服的官員圖畫後，考證所得的資料。自冠位十二階實行以來，在宮中仕官的官員所穿的朝服，始終代表著該名官員在朝廷內的身分地位。主要的區分方法為布料顏色、裝飾配件等素材，以及刺繡的花紋。目前推測最高位階的顏色是紫色，最低則是黑色。

◎ **垂髮**

天武天皇時代的女官髮型，是採尾端往上紮起的形式。在此之前只是將頭髮綁成束後隨意披散在身後。

◎ **左衽**

就是現在所謂的左前（右襟在上），似乎是北方騎馬民族的流行。後來才配合中國的做法，將標準穿法改成右前（左襟在上）。

◎ **裳**

這個時代的裳是以繽紛的色彩作為特點，可說是往後的時代難得一見的獨特設計。

飛鳥時代・女官朝服

　　上圖是從天武天皇十三年（六八四年）到持統天皇初期的女官服裝。在一九七二年高松塚古墳壁畫出土以前，學者都認為飛鳥時代的服裝與奈良時代相同。北方騎馬民族的服飾採左前式，而蔑視北方民族的中國則採右前式。不過日本在這個時候是右前、左前混著穿。

渡來人 傳來的

登窯帶來什麼影響

登窯使瓦片屋頂得以問世？

繩文時代與彌生時代的土器，都是以沒有窯的**野燒法**製成。繩文土器是先在地面挖洞後，放入尚未燒製的土器，再蓋上木材點火焚燒；彌生時代則是用稻草或枯葉覆蓋土器，上面塗滿灰泥後再燒製。後一種做法的火候比前者更均勻，可以將土器燒得又薄又硬，但因為空間並非完全密封，所以溫度最高只能達到攝氏 800 度左右。

大約在 4 至 5 世紀前後，渡來人在日本推廣**登窯**。登窯是沿著斜坡往上打造出傾斜的窯室，只在最下方的窯口生火，使熱氣在窯室內均勻對流，所以溫度可高達攝氏1200 度。燒出來的土器表面平整無痕，只要生一次火就能燒製大量的土器。這項技術的進步，使得**瓦片**屋頂開始在日本普及。在昭和 30 年代整修西元 588 年建造的元興寺時，還發現寺廟的屋頂依然保留竣工當年使用的屋瓦，可見當時的技術有多麼精湛。

chapter 03

奈良與平安時代

以天皇家為首的國家終於成立了！但這次卻又冒出攀附天皇家耀武揚威的藤原氏，連和尚也試圖干預政治。這片還在開拓的歷史邊疆，又要面臨新的事端了嗎……？

01 皇族中心體制下，藤原氏如何掌握實權？

從七一〇年天皇遷都至平城京開始，這段期間稱作奈良時代，此時**藤原氏**與皇族和其他氏族的有力人士，因爭奪政治主導權而頻頻爆發紛爭。在實行皇親政治期間，藤原氏以**天皇外戚**（母方的親戚）身分強化影響力。尤其藤原光明子更是皇族以外第一位成為天皇的正室夫人，更彰顯藤原氏勢力的擴大。

奈良時代的政爭

這場政治鬥爭從8世紀前半持續到後半，由藤原氏與其他皇族、氏族聯手發起。最後藤原氏不僅掌握朝政主導權，還在政爭中存活下來。

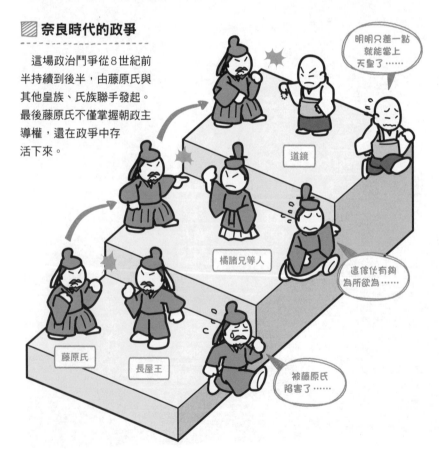

明明只差一點就能當上天皇了……

道鏡

橘諸兄等人

這傢伙有夠為所欲為……

藤原氏

長屋王

被藤原氏陷害了……

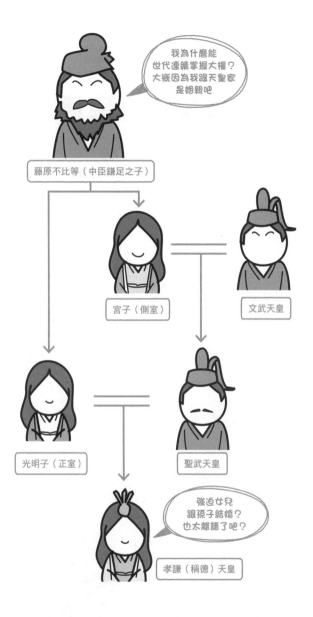

我為什麼能世代連續掌握大權？大概因為我跟天皇家是姻親吧

藤原不比等（中臣鎌足之子）

宮子（側室）

文武天皇

光明子（正室）

聖武天皇

強迫女兒跟孫子結婚？也太離譜了吧？

孝謙（稱德）天皇

　　藤原氏是從藤原鎌足（中臣鎌足）的兒子**不比等**的時代開始，就和律令（法律）的制定關係匪淺的氏族。他們同時也是一群法律專家，自然能夠推行對自己有利的政策，占據優勢。藤原氏憑藉這點鞏固地位，所以才能**強化自家與天皇的姻親關係，在政治鬥爭中生存下來**。

02 從長岡到平安京，桓武天皇為什麼遷都？

　　七八四年，桓武天皇從平城京遷都至**長岡京**。此次遷都的理由是避免平城京的**佛教勢力**干涉政治，而且長岡京是與桓武天皇的母系祖先（**秦氏**）淵源深遠的寶地，**水陸交通**也十分便利。但是遷都僅僅維持十年，又再度遷回平安京。

我們老家河川
水利比較好啦！

來這裡就不會被
那些和尚騷擾了！

長岡京

親戚的地盤
最放心！

秦氏

桓武天皇遷都長岡京

這些和尚
好囉唆……

佛言
不可不聞！

平城京

我們被用了？

桓武天皇在平城京與有力寺院對立

東大寺、興福寺等
平城京附近的大寺院

新首都落成囉！

平城京

明明只完成一半的
計畫而已……

遷都平安京（794年）

大家都覺得
不安心……
還是換地方吧

長岡京

離河岸太近
洪水又來了……

桓武天皇

可惜……

長岡京遷都

784年，天皇從平城京遷都至長岡京。但是卻發生負責建設長岡京的藤原種繼遭到暗殺的事件，加上洪水氾濫成災，導致人心惶惶，於是天皇只好再次強制遷都。

藤原種繼
（長岡京的建設負責人）

　　遷都平安京的契機，始於長岡京的建設負責人藤原種繼遭到暗殺一事。涉嫌主謀早良親王雖然極力申冤，最後仍被處以流放之刑含恨而死。事後都城天災頻傳，人們認為這是早良親王的怨念所致，擔心受怕。天皇為了安撫民心，才決定遷都平安京。

03 擴大支配東北，大和朝廷與蝦夷的糾葛

　　從七世紀中葉起，**朝廷開始往東北地區拓展統治範圍**，逐步征服原先居住在關東地區以北的蝦夷人。但是，**朝廷與蝦夷仍不時爆發紛爭**，即使在桓武天皇的治世之下，也依然於七八〇年發生伊治呰麻呂之亂。朝廷雖然派出征東大使紀古佐美率軍討伐，卻敗給了蝦夷的首領阿弖流為。

防人制度

　　日本古代一種軍事制度，徵召農民防衛九州北部，任期3年，期間旅費、食物、武器全部由農民自行負擔。後來，桓武天皇派遣受訓的士兵（健兒）取代農民。推測此舉可能是為了減輕農民負擔，並提高士兵的訓練程度。

好、田村麻呂
你去平定蝦夷吧！

平安京
可還沒蓋完！
少說那種遠征
東北的胡話！

桓武天皇

藤原緒嗣勸諫天皇
停止平定蝦夷

我想活著回去
跟家人團聚……

防人

既然百姓
個個苦不堪言
只好罷手吧

明明都沒有
好好調查
地方狀況……

西元八〇二年，坂上田村麻呂率軍降伏阿弖流為。但遠征和統治所費不貲，加上租庸調等賦稅、九州北部的防人派遣費等支出，致使**百姓的負擔已達極限**，於是朝廷舉行議論，決定停止平定蝦夷與擴建平安京這兩道政令，這場議論被稱為**德政論爭**。結果，桓武天皇只能放棄這兩項主張。

奈良與平安時代的東北對策

朝廷視關東以東的居民為異端，蔑稱為蝦夷。在奈良時代，朝廷主要派遣日本海的水軍前去征服蝦夷，平安時代則主要派遣太平洋岸的陸軍，但蝦夷仍不時舉兵反抗朝廷。

百姓繳納的稅務，主要可分為租（農田租金，用米支付）、庸（原本是課徵勞力，但可用物產或金錢代付）、調（繳交各地的特產品）。東京有個地名叫作調布，就是源自以布匹繳納調稅的典故。

04 佛教信仰向下流動，奈良至平安朝的演進

在奈良時代，以佛教力量治國的**鎮護國家思想**逐漸普及，佛教信仰也在統治高層間推廣開來。然而另一方面，道鏡等僧侶和有力寺院卻也開始涉足政治，引發桓武天皇對於佛教勢力干預國政的不滿。值得一提的是，這個時期佛教信仰尚未在地方豪族和平民之間盛行。

平安京與山岳佛教

由於桓武天皇遠離平安京的大寺院，因此最澄選在比叡山、空海則在高野山等山岳上建造寺院。結合山岳信仰的山岳佛教就此繁榮發展。

眾僧侶的傳教之旅

奈良時代以後，有些僧侶透過指導土木工程、建造道路和池塘等貢獻，融入民間。但因為這些僧侶並未獲得朝廷許可，也會不時遭受打壓。

到了平安時代，桓武天皇和嵯峨天皇不樂見奈良時代的**佛教（南都六宗）出言干預政治**，只保護從唐朝歸國的最澄與空海所開創的天台宗和真言宗。他們的目標不再是鎮護國家，因此在山上建寺院，**祈求皇族與貴族的現世利益**。另外，佛教還衍生出像行基一樣**向民眾布教**的新動向。

05 聖武天皇為什麼發願建造奈良大佛？

　　奈良時代，朝廷**推行大規模的佛教事業**，像是建造**盧遮那佛（奈良大佛）**、在全國各地建設國分寺與國分尼寺等等。因為當時爆發天花疫情，包含藤原四子在內的高官都染病而死，加上氣候變化導致飢荒、家臣叛亂頻傳，所以此舉是出於鎮護國家，想借助佛教力量解決國家的不幸。

天花流行

藤原廣嗣之亂

竟敢貶我的官
我絕不善罷甘休！

實在沒辦法……
只好仰賴
佛祖保佑……

農田歉收，糧食不足

740 年左右，聖武天皇

大佛曾多次毀壞？

大佛雖然落成，但在9世紀中葉卻因地震導致佛像頭部掉落。在源平合戰、戰國時代的戰火中，也曾遭到放火燒毀。佛像開光當時的原貌已幾乎無一留存。

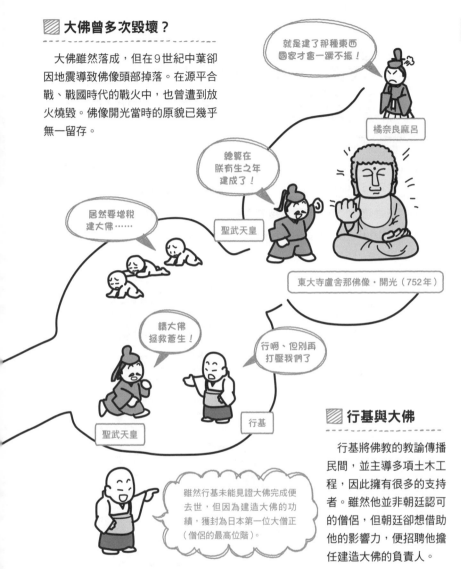

就是建了那種東西國家才會一蹶不振！

橘奈良麻呂

總覽在朕有生之年建成了！

聖武天皇

居然要增稅建大佛……

東大寺盧舍那佛像・開光（752年）

請大佛拯救蒼生！

行啊、但別再打壓我們了

聖武天皇

行基

雖然行基未能見證大佛完成便去世，但因為建造大佛的功績，獲封為日本第一位大僧正（僧侶的最高位階）。

行基與大佛

行基將佛教的教諭傳播民間，並主導多項土木工程，因此擁有很多的支持者。雖然他並非朝廷認可的僧侶，但朝廷卻想借助他的影響力，便招聘他擔任建造大佛的負責人。

聖武天皇招攬廣受人民支持的**行基**，將他提拔為建設大佛的負責人。西元七五二年，大佛終於順利落成。但是，建設大佛所需的資材與勞力，卻加重百姓的負擔。橘奈良麻呂不滿朝廷犧牲百姓，便發起叛亂力抗朝廷，卻也使得民眾持續生活在水深火熱之中。

06 莊園制的實行，更鞏固藤原一族的地位？

在聖武天皇之前，農民不被允許私自擁有土地，導致農民耕作意願低落，收穫量也始終低靡。西元七四三年，朝廷制定**墾田永年私財法**，凡是開墾荒地的農民皆能**獲得朝廷認可，無限期擁有該片土地**，這些私有地就是後來的**莊園**。但是，負責徵稅的國司卻試圖干涉農民的土地私有權。

農民對國司的干涉不堪其擾，便將部分收成繳納給藤原氏，以換取藤原氏的名義，同時將自己的土地改為藤原氏的名下。國司因畏懼藤原氏權高勢重，便不敢干涉掛名藤原氏的土地。藤原氏將名義租賃給各地農民，藉此發了大財，權勢也更加高漲。

07 文化吸收與在地化，日本國風的誕生

　　西元八九四年，朝廷採用菅原道真的提議，**廢除遣唐使**。因為遣唐使必須冒著生命危險出海，加上當時的唐朝藩鎮（地方軍閥）割據，不理會中央政府、恣意妄為，導致政治亂象不斷。所以日本朝廷決定不再學習唐文化，而是開始積極以本土文學為中心，**創造日本獨特的文化**。

我們想幹嘛就幹嘛

朕賜給藩鎮太多權限搞得他們要獨立了！

藩鎮企圖脫離唐

老子也能當皇帝！

黃巢

藩鎮（地方政府的高層）

朕賦予地方權限但要確實收稅金上繳中央

唐朝皇帝

▨ 黃巢之亂

　　875年，唐朝的私鹽鹽商王仙芝與黃巢發起叛亂，甚至攻陷首都長安。

我們嚮往的大唐
怎麼變成這樣……

不能以那種
國家為榜樣了！

菅原道真

桓武天皇　橘諸兄

唐朝內亂頻傳，於是在894年，菅原道真建議朝廷暫停派出遣唐使。直到唐滅亡（907年）以前，日本再也沒有派出遣唐使。

在奈良時代和平安時代初期，日本十分嚮往唐朝先進的律令治世，所以積極派遣唐使學習。如果這些人看見唐後來的亂象，想必會非常失望吧。

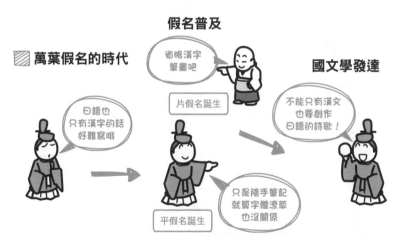

假名普及

萬葉假名的時代

省略漢字
筆畫吧

國文學發達

片假名誕生

日語也
只有漢字的話
好難寫哦

不能只有漢文
也要創作
日語的詩歌！

只是隨手筆記
就算字體潦草
也沒關係

平假名誕生

　　從十世紀初開始，**國風文化**蓬勃發展。這個基礎後來孕育出以漢字為源頭的日本獨創文字 ——**假名**。獨創的文字也蘊釀出獨特的文學，例如《古今和歌集》等和歌的歌集、《竹取物語》和《源氏物語》等經典物語，以及《土佐日記》、《枕草子》等隨筆，眾多日本古典名作才得以問世。

08 皇族與貴族之外，武士階級的誕生與崛起

　　國風文化興盛的同時，也出現了武士階級。武士的誕生背景可以追溯到莊園制度的起始，**在朝廷中無權無勢的貴族和地方豪族**自主開拓荒地，以便擴張私有領地。這些荒地並不受到朝廷的保護，所以拓荒者**必須自行武裝，以便保衛自家的土地**。

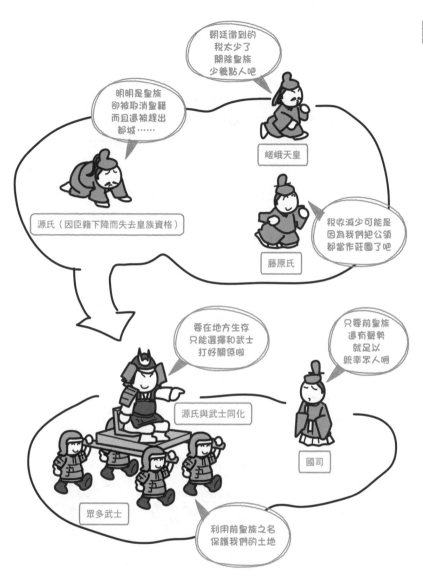

　　各地的有力人士以土地和血緣為基礎，團結並武裝起來，這些集團就成了**武士**。如果有皇族出身的氏族流落到外地，該地就會以他們為首，集結形成地方勢力。其中勢力最大的就是 源氏與平氏 。他們憑藉原有的皇族權威，一轉眼便壯大聲勢。

09 上皇領導的院政體制，如何消滅攝關政治？

藤原氏以外戚身分（天皇的母系親戚）掌權，這種政治形態就稱為**攝關政治**，並且持續了很久。直到**後三條天皇**頒布**莊園整理令**，查封莊園，企圖瓦解藤原氏的財政基礎。後三條天皇也指名由兒子**白河天皇**繼任天皇，自己則以上皇（前天皇）的立場**親自施政**，這就是**院政體制**。

平安時代的貴族夫妻都是將孩子送到母親的老家撫養，所以母方親戚與孩子的關係十分緊密。

天皇還很小就由外公和舅舅來照顧吧

藤原氏（攝關家）

怎麼可以一味仰賴藤原氏！

莊園整理令

查出違法莊園並加以查封的法令。後三條天皇還特地設置專門機構「記錄莊園券契所」，以便確實施行這條法令。

藤原賴通、教通等人內訌

後三條天皇

先查出可疑的莊園並查封！

藤原

　　白河上皇趁著藤原氏內訌時，鞏固院政並掌握實權，接著又陸續指定堀河天皇、鳥羽天皇、崇德天皇繼任，私下依舊握有政治主導權。白河天皇為了保有執政權，還**聘用武士**來充實軍事力，並參拜擁有經濟與人力兼備的寺社，以便拉攏寺社作為後盾。

10 平氏如何憑武士身分，奪得平安末期政權？

　　著眼於武士勢力的**白河上皇**，在九世紀中葉到後半的前九年之役當中，發現大為活躍的源氏在眾多武士之間擁有極高的聲望，便特地重用源氏的首領**源義家**。但是源氏的勢力卻逐漸擴張，甚至還與藤原氏互有往來，於是白河上皇起了戒心，也開始重用平氏，以求勢力平衡。

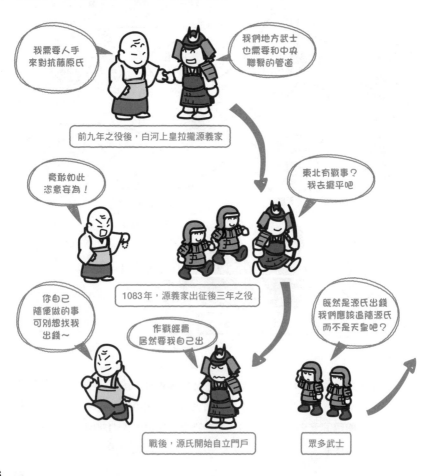

我需要人手來對抗藤原氏

我們地方武士也需要和中央聯繫的管道

前九年之役後，白河上皇拉攏源義家

竟敢如此恣意妄為！

東北有戰事？我去擺平吧

1083年，源義家出征後三年之役

你自己隨便做的事可別想找我出錢～

作戰經費居然要我自己出

既然是源氏出錢我們應該追隨源氏而不是天皇吧？

戰後，源氏開始自立門戶

眾多武士

這樣的話
要不要跟我們
聯手？

平氏（伊勢平氏）

源氏與藤原氏
可能會合作啊

天皇靠不住
不如跟藤原氏聯手

源氏親近藤原氏

▨ 平氏與日宋貿易

平氏（伊勢平氏）是以
瀨戶內海（與宋朝的交易
路線）為根據地，憑藉貿
易賺進龐大的利益，得以
權傾一方。

就等著看
平氏和源氏
互相殘殺吧！

平治之亂

我們靠貿易賺大錢
財富人力雙全！
（接著就是攻下天皇
繁奪朝廷！）

源氏與平氏的對立逐漸加深，直到西元一一六〇年終於浮上檯面，爆發了平
治之亂。最終由**平清盛**率領的伊勢平氏贏得這場戰爭。平氏以瀨戶內海為根據
地，可以自由透過海路進行**日宋貿易**，賺進大筆財富，勢力也因此不斷拓展，
甚至凌駕後白河上皇，最終獨攬朝廷的人事大權，掌握政權。

流行時裝
CHECK

奈良與平安時代

◎ 剃髮

頭髮象徵對俗世的眷戀，所以必須剃除乾淨。根據《四分律》，和尚每兩個月就得剃度一次。

◎ 袈裟（？）

俗話說「討厭和尚，會連他穿的袈裟都討厭」。目前仍未知曉從什麼時代開始將和尚披在肩上的僧服稱作袈裟。

奈良時代·高僧

◎ 筒袖

和服幾乎都有袂（袖子下垂的袋狀部分），但筒袖就跟西式服裝一樣沒有袂。

上圖資料考證自鑑真和尚的木像，以及《國家珍寶帳》（記載聖武天皇生前心愛遺物的目錄）中的「七條織成樹皮色袈裟」，可能是特殊儀式所穿的服裝。編織手法屬於奈良時代流行的一種綴織，使用下層緯紗和帶有花紋的彩色緯紗兩種緯紗交互織成（普通的綴織並不會使用下層緯紗）。

檜扇（柏扇）

女官在宮中露臉會有失禮之嫌，所以會用扇子遮掩。扇子還有敲打聲音以便喊人的用途。

帖紙

有和歌靈感時隨時筆記用的紙。這是貴族表現涵養的必備物品。

單

貼身襯衣，十二單就是穿上12件襯衣。袖口的色彩搭配（襲）可是很講究個人品味喔。

平安時代・公家女官

　　這是十一至十二世紀時日本宮廷的正裝，也就是一般俗稱的十二單，而在宮廷裡則稱作唐衣裳。袖口的「襲」的款式，會根據季節和祭典活動而有嚴格的規範，如果不按規定搭配，就等於是違反禮儀。據說甚至還有女官因為過度講究襲的配色，穿太多層而無法行走。

日宋貿易

如何確立買賣機制？

源平合戰爆發都是銅錢惹的禍？

平氏透過日宋貿易賺進大筆財富，提高了經濟實力，而其中的主要進口品就是銅錢。日本在708年發行官方銅幣「和同開珎」，但因為冶金技術問題導致銅產量不足，因此錢幣的品質也隨之下降，最終退出市場。日本的買賣交易演變成以絲綢為主的以物易物。到了11世紀，末法思想流行，佛具也開始用銅打造，使得缺銅的狀況更加嚴重。

另一方面，當時的中國正逐漸使用交子、會子、交鈔等紙幣以取代銅錢。因此平氏便從南宋低價買進銅錢，重新熔成銅材，在日本國內高價出售。

但有另一個說法認為，因為平氏大量進口銅錢，讓銅錢成為實際的通貨流通市面，造成銅錢供應過剩，導致國內通貨膨脹，使得以絲綢等實物經濟維生的莊園領主和武士受到衝擊，才會群起反抗平氏。

chapter 04

『鎌倉時代』

率領眾武士的將軍，創立鎌倉幕府後，終於將魔爪伸向朝廷神聖不可侵犯的土地支配權。然而，鎌倉幕府本身也無法團結一致，導致世態更加撲朔迷離……

01 武士集團大戰，源氏與平氏的恩怨始末

　　源氏出兵的背景始於**關東、東北的武士對中央朝廷不滿**。武士雖然得以自行開墾新的土地，但是朝廷對土地所有權的認定標準卻非常模糊，導致武士無法完全擁有土地的權利。此外，貴族也在莊園引發的紛爭當中，趁機更改土地的名義，或擅自做出其他違法的行為。

來努力
擴張土地吧！

這可是
老子的地！

趁他們鬧得不可開交
把土地搶過來吧

地方的拓荒民

發生土地紛爭

藤原氏、平氏等人

我們不太清楚鄉下的
土地狀況哦……

天皇、國司等人

這樣下去
肯定會吵得
沒完沒了

源氏

因此，關東、東北的武士便找來因敗給平氏而受到彈壓的源氏。源氏在前九年之役與後三年之役中，也曾在地方上豎立起不小的聲望。他們以在平治之亂中倖存的**源賴朝**為首，集結各地武士，迫使平氏節節敗退，最後在一一八五年的**壇之浦之戰徹底消滅了平氏**。

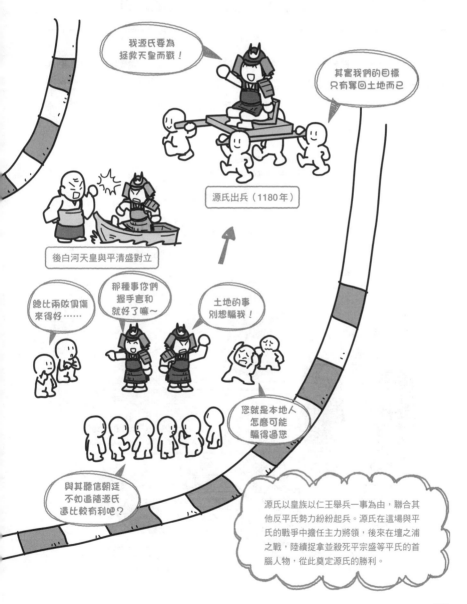

我源氏要為拯救天皇而戰！

其實我們的目標只有奪回土地而已

源氏出兵（1180年）

後白河天皇與平清盛對立

總比兩敗俱傷來得好⋯⋯

那種事你們握手言和就好了嘛～

土地的事別想騙我！

您就是本地人怎麼可能騙得過您

與其聽信朝廷不如追隨源氏還比較有利吧？

源氏以皇族以仁王舉兵一事為由，聯合其他反平氏勢力紛紛起兵。源氏在這場與平氏的戰爭中擔任主力將領，後來在壇之浦之戰，陸續捉拿並殺死平宗盛等平氏的首腦人物，從此奠定源氏的勝利。

02 鎌倉幕府的將軍，憑什麼成為武士之首？

　　源賴朝就任為**征夷大將軍**，在鎌倉開創**幕府**。自此以後，**管轄武士的土地所有權一事，便從朝廷移交到賴朝手上**。大多數武士過去都因為藤原氏和平氏引發的土地所有權紛爭而十分不滿，他們自然都很期待源賴朝從朝廷取得這份權利後，可以大力整頓。

賴朝你就是
征夷大將軍！

後白河法皇

武士的土地事務
就由身為武士領袖的
將軍來裁決！

源賴朝

這樣就能放心
守住土地了吧？

地方武士

我不能干涉
武士的土地了

打算侵占地方武士
土地的國司

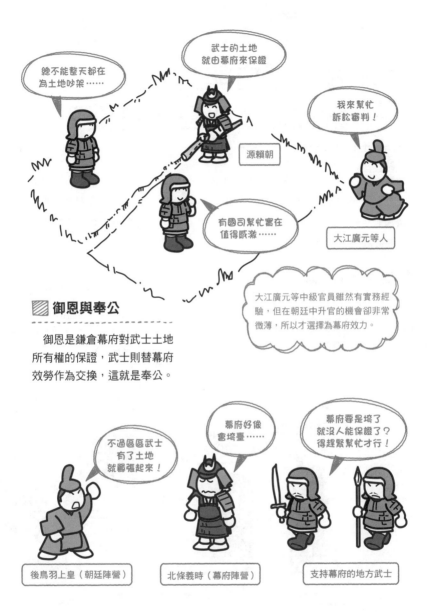

御恩與奉公

御恩是鎌倉幕府對武士土地所有權的保證，武士則替幕府效勞作為交換，這就是奉公。

鎌倉幕府的將軍權威，擁有可與朝廷交涉土地支配權的政治力，以及平息武士間領地紛爭的調停力。因此，將軍賜與武士**御恩（＝土地所有權的保證）**，而武士則有**奉公（＝軍事上的效勞）** 的義務。將軍對朝廷的影響力，背後正是由奉公形成的軍事力量支撐。

03 鎌倉幕府開創初期，就被北條氏篡奪實權？

　　鎌倉幕府雖然取得土地的管理權，但並沒有建立一套統治機制，可以說幕府的成立全仰賴源賴朝一個人的政治能力。當賴朝在一一九九年去世後，賴朝之子**賴家**無法解決武士之間的土地紛爭，因此眾武士便聯合賴家的母親**北條政子**之父**北條時政**，推翻賴家。

戰後的土地糾紛

　　響應對抗平氏而參戰的武士，要求幕府賜封土地作為獎賞，或是歸還他們在從軍時遭到侵占的土地，因此幕府面臨龐大的訴訟官司。

> 我的兒子沒問題吧？

> 武士就由我出面說服吧！

> 1199年賴朝去世

> 武士的土地糾紛也太多了吧？

> 既然賴朝大人都這麼說了……

大江廣元等人

眾多武士

源賴朝

源賴家（賴朝之子）

北條時政等人推翻賴家，與有力武將共同設立「十三人合議制」的統治體系，並由北條時政就任為最高決策者**執權**。從此以後，北條氏便獨攬大權，透過制定**御成敗式目**、討伐承久之亂的反幕府勢力，以及整頓幕府組織等手段，逐漸擴張勢力，最終奪得將軍的實權。

04 鎌倉文化的推手，與平安時代有何不同？

　　平安時代之前，文化的傳承者幾乎都是公家人士，也就是貴族。但是到了鎌倉時代，則是由勢力漸漸強大的**武士**、各地的**僧侶**、地方上安分生活的隱士，以及創作出壯麗繪卷物的畫家等**平民百姓**，為各自嗜好的文化不斷創新並廣泛推廣流傳。

▨ 平安時代的宮廷文化

受戰亂影響的文化

武士階層盛行的鎌倉佛教

　　結果，由**琵琶法師**描述眾武士戰亂過程的《平家物語》等軍記物語、闡述無常觀的《方丈記》等隱士文學陸續問世。除此之外，戰亂和歉收也使人民產生末世感，渴望從佛教信仰獲得救贖。像是倡導只需唸佛和誦經就能得救的淨土宗，這種<u>平民也容易接納的佛教</u>逐一出現，廣受信徒的支持。

05 蒙古來襲，卻揭露 鎌倉幕府的政治隱憂？

西元一二七四年，蒙古帝國在中國建立的朝代——元朝，派大軍渡海進攻日本（文永之役），史稱**元日戰爭**。西元一二八一年，元軍又再度來襲（弘安之役，日本將兩場戰爭合稱蒙古襲來），日本在武士的活躍下成功擊退蒙古大軍。然而這場戰爭也讓鎌倉幕府失去武士的支持，開始步向衰亡。

我要征服全世界！

打敗朝鮮了！

元軍攻陷高麗（1259年）

元軍兩度進攻日本（1274年文永之役、1281年弘安之役）

停止與南宋貿易！

才不要！

元

元與南宋的戰爭（1235～79年）

可是蒙古人會生氣耶……

南宋

日宋貿易

〈蒙古襲來繪詞〉作者 **竹崎季長的旅程**

鎌倉幕府招攬竹崎季長等眾多武士，擊退元軍。但是，與元軍作戰卻也導致武士家鄉的土地長期閒置而荒蕪，致使**武士變得十分窮困**。而且，幕府與元軍作戰後也沒有獲得新的領土，**無法賜封新的土地給功勳彪炳的武士作為獎賞**。這樣的結果，導致幕府失去武士的支持。

06 活絡的物流網路，鎌倉時代的經濟新氣象

　　這個時期，在同一耕地內一年栽種兩種作物的兩穫法普及後，使得土地的生產力提高，有力農民得以儲藏**盈餘的作物**，成為該地區的指導者。於是地域便以有力農民為中心，形成大家集居自治的村落 —— 惣村。惣村的成形使得水利分配更為方便，也能有效解決土地邊界糾紛，並且團結村民驅逐強盜。

收穫量增加了！

米、麥的兩穫法普及

多餘的收穫就儲存起來吧

富裕農民出現

用肥料復活地力！

土地不再肥沃

刈敷、草木灰等肥料普及

大家一起向苛刻的領主抗議！

惣村的形成

　　富農成為統率村落的有力人士，開始形成自治組織惣村。惣村可以團結農民，與領主交涉談判。

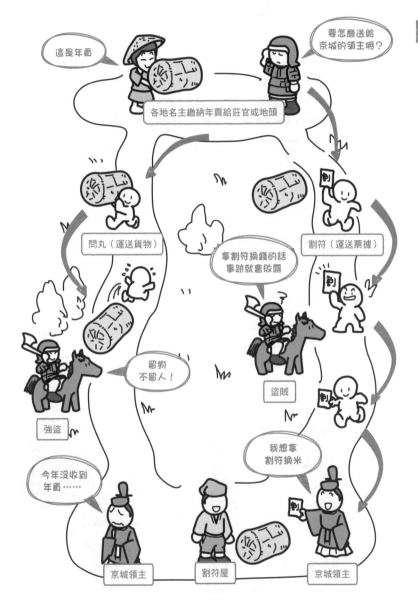

百姓每年上繳的年貢，需要繳納給當地的莊官或地頭。名為「問丸」的貨運業者會幫忙將年貢送給人在京城的莊園領主，但是運費十分高昂，而且還要冒著遭遇強盜襲擊的風險。因此，莊官和地頭便將貨物換成效力等同於現金的**代錢納**、**割符**（票據），再送到領主手上，使繳納年貢的方式更有效率。

07 得宗專制如何引發
政治亂象與惡黨威脅？

　　鎌倉時代初期的訴訟，是由一群有力武士聚集討論後，才會得出裁判結果，比較具備公平性。但是隨著北條氏以外的武士沒落以後，以北條氏為首的**得宗家獨攬大權**（編註：得宗為北條氏嫡系家督的稱號），許多官司未能獲得公平的裁決，導致武士間**對北條氏的不滿**愈來愈嚴重。

▨ 鎌倉時代的水軍

　　從平安時代開始，已經有海盜搶奪水上運輸船貨物的紀錄。到了鎌倉時代，具有相當規模並組織化的海盜集團便稱作水軍，他們遠離幕府與朝廷的管轄、獨立活動。其中代表就是以瀨戶內海為根據地的村上水軍。

在鎌倉時代後期，領地只傳承給一名子嗣的**單獨繼承法**逐漸廣傳，在武士家族裡無法繼承香火的人，也因此失去容身之處。於是，這些沒有繼承權的人離家後成群結黨，搶奪年貢、占領街道或河川，向民眾強收過路費。幕府和領主則將這些威脅幕府的反抗勢力稱作「**惡黨**」。

關於惡黨

各地沒落的武士成為強盜，四處恐嚇平民，負責取締的幕府便將他們稱作惡黨。後來有一部分惡黨還協助後醍醐天皇，發起倒幕行動。

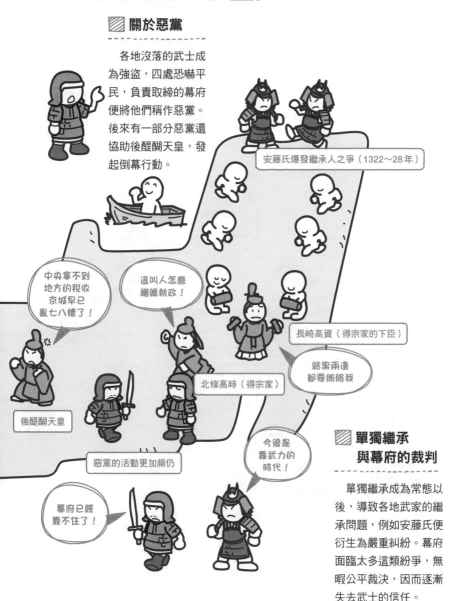

安藤氏爆發繼承人之爭（1322～28年）

中央拿不到地方的稅收京城早已亂七八糟了！

這叫人怎麼蠻橫執政！

長崎高資（得宗家的下臣）

結果兩邊都要賄賂我

後醍醐天皇

北條高時（得宗家）

惡黨的活動更加頻仍

今後是靠武力的時代！

幕府已經靠不住了！

單獨繼承與幕府的裁判

單獨繼承成為常態以後，導致各地武家的繼承問題，例如安藤氏便衍生為嚴重糾紛。幕府面臨太多這類紛爭，無暇公平裁決，因而逐漸失去武士的信任。

08 後醍醐天皇號召倒幕，有成功達成目的嗎？

　　鎌倉幕府因為打壓「惡黨」等新興武士，受到各地埋怨，加上得宗家專制獨裁，導致足利氏等眾多有力武士心懷不滿。不僅如此，皇室也不樂見幕府介入皇位繼承事務，因此於一三一八年登基的**後醍醐天皇**便計劃**倒幕**，好讓朝廷重攬實權。

幕府已是將沉之船了還不如趁早跳船吧

足利氏等有力武士

都沒有人要聽我的話……

得宗家獨裁的鎌倉幕府

後醍醐天皇

推翻幕府的機會來了？

楠木正成（惡黨）

正中之變（1324年）

後醍醐天皇

日野資朝

北條高時

元弘之亂（1331年）

後醍醐天皇

後醍醐天皇

名和長年（惡黨）

後鳥羽上皇

後醍醐天皇發起兩次倒幕計畫，後世分別稱為正中之變與元弘之亂。但兩次行動都遭到幕府揭穿，天皇最終也被捕。不過，對幕府不滿的足利尊氏等**有力武士**，以及楠木正成、名和長年等**惡黨**也支持後醍醐天皇，並於各地起兵，陸續攻陷幕府的機構。倒幕勢力最終於**一三三三年控制鎌倉，消滅幕府**。

◉ **帽子**

對平安貴族而言，露出頭頂是非常丟臉的事。這種穿搭品味在鎌倉時代以後也在民間逐漸流傳開來。

◉ **袍**

官員穿的上衣，尤其武官衣著還細分為前身與後身，使用方便活動的材質縫製。

◉ **飾劍**

儀式用的刀。平安時代的飾劍會以金箔或上漆裝飾，作為貴族崇高的象徵。但是鎌倉時代的貴族相當貧窮，樣式比較簡單。

平安時代以後・布袴

布袴僅次於束帶，在平安時代是上至左大臣、右大臣等公卿，下至不得昇殿的地下官員都會穿的禮服。到了鎌倉時代，很多下級官員都會穿著布袴。髮型雖然會綁成一髻，但因為當時的人認為露出頭頂非常丟臉，所以並沒有遺留相關的圖畫資料。

◎ 鍬形

這是武士頭盔的主要裝備。武士在戰場上立功時，必須讓周圍的人知道是誰殺死敵人，所以才要穿戴這種醒目的裝備。

◎ 重籐弓

弓是最早用於戰場的武器，是武士重要的象徵！重籐是指纏繞在弓上加以補強的藤。

◎ 草摺

騎馬時保護下半身的裝備。分成4片，但是下馬後可能會行走不便……。

鎌倉時代·穿大鎧的武將

　　這是根據畠山重忠供奉在武藏御嶽神社的大鎧，考證所得的資料。平安與鎌倉時代的武士，是以騎馬、拉弓射箭為基本戰法。與後面徒步作戰時間較多的時代相比，腹部的裝甲比較薄，這也是因為騎馬時腹部不易受到攻擊。由於是傳統樣式，所以也能夠作為高規格的贈禮用鎧甲。

南北朝 的
對立契機 —— 莊園制度

財產的分界就是朝廷的分界？

　　南北朝對立如此長久的原因之一，就在於兩個朝廷各自的財政基礎；換言之，即是兩者皆擁有**大規模的莊園**。南朝（大覺寺統）繼承了龜山天皇的莊園**八條院領**，最早是鳥羽上皇讓同父異母的妹妹八條院繼承的莊園，據說多達220處以上。足利尊氏的莊園足利莊，也同屬於八條院領，所以後醍醐天皇奮起倒幕的消息才會傳過來，成為尊氏出兵的一大契機。

　　北朝（持明院統）繼承了後深草天皇的莊園**長講堂領**。這個莊園始自後白河天皇在保元之亂時，從藤原賴長手中沒收得來的莊園。根據南北朝時代的軍記故事《梅松論》記載，約有180處。

　　這兩處莊園也和其他莊園面臨相同的問題 —— 管轄地方的**守護**因年貢遭到惡黨搶奪，導致年貢遲繳，勢力逐漸衰退。皇室的分裂，或許也可以說是始於財產的分裂吧。

chapter 05

「南北朝與室町時代」

時代的混沌，也影響了朝廷，促使天皇家發生久違的分裂！在這前途黑暗的世間，能夠信任的人只有自己。實力至上的時代就此揭開序幕。

01 天皇復權的建武新政，為何引發武士不滿？

　　鎌倉幕府遭受朝廷與武士雙面夾攻，最後因為無法抵擋**後醍醐天皇**舉兵點燃的各地反幕浪潮，就此滅亡。鎌倉幕府垮臺後，後醍醐天皇重新掌權，便實行以天皇為中心的政治，史稱「**建武新政**」。然而，武士依舊對改制後的建武新政心懷不滿。

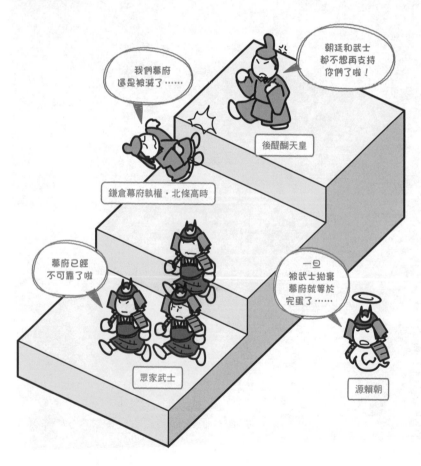

▨ 戰後的 武士領地處理

源賴朝打敗平氏之際，沒收平氏領地後分封給支持他的武士。因此，幫助後醍醐天皇的武士，也以為戰後可以分到鎌倉幕府的領地。

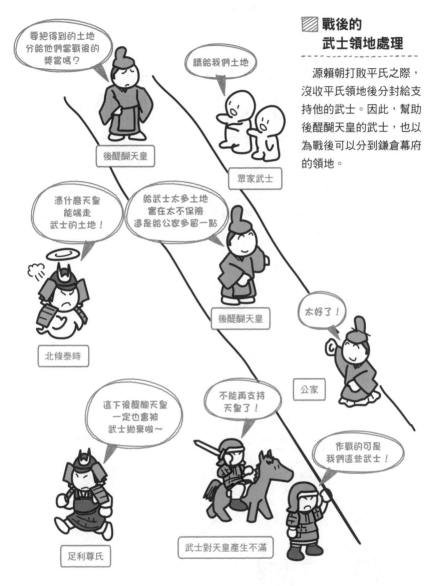

要把得到的土地分給他們當戰後的獎賞嗎？

後醍醐天皇

請給我們土地

眾家武士

憑什麼天皇能端走武士的土地！

北條泰時

給武士太多土地實在太不保險還是給公家多留一點

後醍醐天皇

太好了！

公家

這下後醍醐天皇一定也會被武士拋棄啦～

足利尊氏

不能再支持天皇了！

作戰的可是我們這些武士！

武士對天皇產生不滿

武士的生計，原本即仰賴身為武士之首的征夷大將軍。將軍以「**御恩**」替他們保證土地的權利，武士則以忠誠勤勞的「**奉公**」作為回報。但是在建武新政之下，變成只有天皇可以保證全國土地的權利。而後醍醐天皇又在這份土地權利的保證中，減少武士的領地，於是眾武士開始對後醍醐天皇產生不滿。

02 皇統政權南北分裂，足利尊氏開創室町幕府

　　一二四六年，後嵯峨天皇讓位給後深草天皇，但是後深草天皇卻等不及皇子出生，便急著禪位給弟弟龜山天皇。後嵯峨天皇沒有明言哪一個血脈才能繼承皇統就逝世，導致天皇家分裂成**後深草天皇的持明院統**（後來的北朝），以及**龜山天皇的大覺寺統**（後來的南朝）。

下任天皇要選誰……

做決定前先別死啊！

又是手足爭奪皇位啊……

北條泰時

後嵯峨天皇

兄　　　弟

下任天皇是我兒子！

天智天皇

天武天皇
（672 年壬申之亂，打敗兄長天智天皇之子，成為天皇）

後深草天皇
（持明院統）

龜山天皇
（大覺寺統）

雖然我緊忙平息皇位之爭但還是沒達成共識真煩……

鎌倉幕府居中協調，和解失敗（文保和談，1317 年）

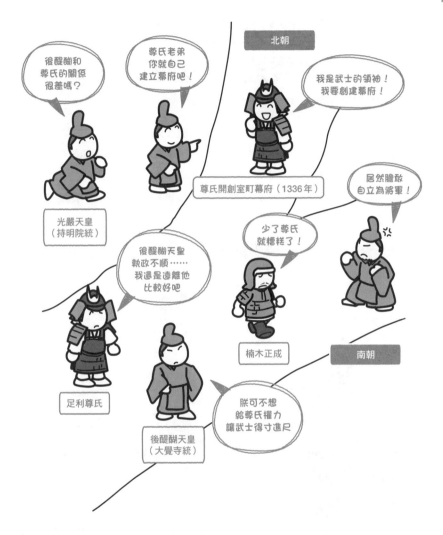

後醍醐天皇十分提防過去曾追隨源氏起兵、來歷不簡單的足利氏，因此掌權後便將**足利尊氏**排除在建武新政之外。然而眾武士視足利尊氏為領袖，集結在他的麾下；加上持明院統的**光嚴上皇**不滿大覺寺統的後醍醐天皇，大力支持尊氏，最終促成尊氏建立**室町幕府**。

03 東亞的外交貿易①
前期倭寇是如何誕生？

　　元日戰爭以後，日本與元朝一直處於緊繃狀態。但是九州壹岐、對馬、肥前松浦等地居民卻因為耕地太少，無法賴以維生，便偷偷從事**走私貿易**。他們武裝起來反抗元朝的貿易取締，同時也因應明朝取代元後掃除殘餘勢力，以及李氏朝鮮推翻高麗王朝所造成的海上治安惡化。這些武裝商人就稱作**倭寇**。

14世紀後半的東亞與倭寇

回去北方蒙古高原也是條後路吧……？

高麗 vs 李氏朝鮮

徹底武裝以防貿易取締和戰時的掠奪吧！

先統一南方再奪回黃河驅逐韃虜！

武裝商販→後來的倭寇

元 vs 明

不從事貿易就沒飯吃啊……

肥前、對馬等地的居民

琉球王國

明朝與北朝展開貿易

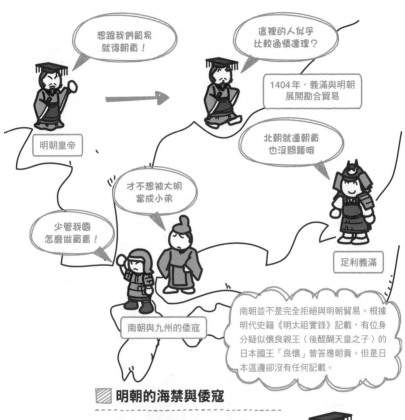

想跟我們貿易就得朝貢！

明朝皇帝

這裡的人似乎比較通情達理？

1404年，義滿與明朝展開勘合貿易

北朝就連朝貢也沒問題哦

足利義滿

才不想被大明當成小弟

少管我國怎麼做貿易！

南朝與九州的倭寇

南朝並不是完全拒絕與明朝貿易。根據明代史籍《明太祖實錄》記載，有位身分疑似懷良親王（後醍醐天皇之子）的日本國王「良懷」曾答應朝貢。但是日本這邊卻沒有任何記載。

明朝的海禁與倭寇

明朝與周邊國家的貿易往來只認可朝貢貿易，所以嚴格取締民間人士的走私貿易（海禁）。倭寇是明朝為走私貿易者所取的稱謂。

　中國新建立的王朝**明**，將蒙古政權趕回北方，從此接管貿易大權，並且要求日本加強取締倭寇。明一開始是向南朝政權提出請求，但是南朝與倭寇關係匪淺，所以拒絕了這個要求。因此明再次派出使者前往北朝傳訊，北朝同意後，開始正式取締南朝的倭寇，同時與大明展開**勘合貿易**。

04 東亞的外交貿易②
琉球曾是中日中繼站？

　　現在的沖繩本島，以前是由名為「按司」的地方領主各自統治。在十四世紀初期，沖繩出現北山、中山、南山這三個王國。三王國藉由向中國朝貢，並且以作為朝鮮和東南亞仲介的**中繼貿易**為生。這三個王國後來由中山王**尚巴志**於一四二九年統一。

有勞你遠道而來了

在下是來朝貢的

我乃是琉球之王！

北山王敗北

與明朝貢貿易的中山王

中山王

好想要稀世珍寶哦

大明和東南亞都是貴客啊

南山王敗北

日本

中山王（尚巴志）

沖繩與三山時代

　　14世紀前半，沖繩本島是由北山、中山、南山這三個王國各據一方，互相爭霸，並且各自向明朝貢。最後由南山出身的尚巴志統一三國、自立為中山王。

朝貢貿易便宜了誰？

朝貢貿易雖然是由明朝收授日本等外國的貢品，但因為明的立場在上，反而需要準備更多賞賜的禮物，負擔很大。實際上獲利最多的還是前來朝貢的國家。

倭寇的實情

倭寇就是武裝商人，除了從事商業買賣，也會巡衛海上。不過一旦發生像是費用談不攏的糾紛，中山王國（琉球）、李氏朝鮮，甚至連日本的水軍也會與倭寇開戰。

尚巴志實行改革，將統一後的**琉球**整頓為中央集權國家，並擔任日本與明之間的貿易中繼站，因此與**室町幕府建立起深厚的交情**。對日本來說，這比限制過多的勘合貿易更划算。琉球多次向明朝貢，與明朝保持良好的貿易關係，同時也與倭寇進行買賣，不過偶爾還是會發生過路費的糾紛。

05 室町時代貿易北推，和人與愛努人的互動

北海道氣候寒冷，**不適合種稻**，所以在七到十三世紀依舊持續以漁業和狩獵採集為主的**擦文文化**。發展出擦文文化的史前人類當中，有一支可能就是後來的**愛努族**的先祖。他們與本州的居民交流，相對於當地住民，本州出身、渡航至北海道的人則稱作**和人**。

稻作的北限

江戶時代以前，稻作在北海道並不普及，因為當時能夠抗寒的稻米品種還十分罕見。

愛努人與和人的關係

北海道的愛努族主要是用鮭魚和昆布等海產，與和人（日本人）交換稻米和鐵製品。

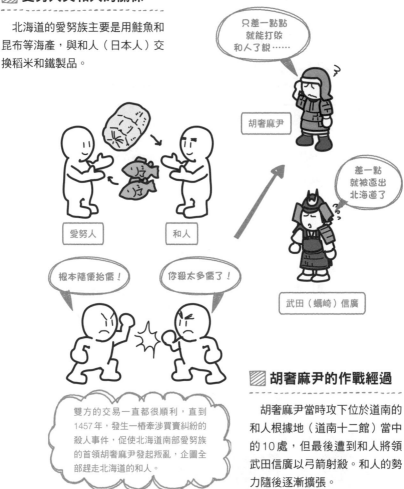

胡奢麻尹

只差一點點就能打敗和人了說……

差一點就被逐出北海道了

武田（蠣崎）信廣

根本隨便抬價！

你殺太多價了！

雙方的交易一直都很順利，直到1457年，發生一樁牽涉買賣糾紛的殺人事件，促使北海道南部愛努族的首領胡奢麻尹發起叛亂，企圖全部趕走北海道的和人。

胡奢麻尹的作戰經過

胡奢麻尹當時攻下位於道南的和人根據地（道南十二館）當中的10處，但最後遭到和人將領武田信廣以弓箭射殺。和人的勢力隨後逐漸擴張。

和人與愛努族後來爆發衝突，其中最主要的就是一四五七年發生的**胡奢麻尹之戰**，最後被從武田改姓的蠣崎氏鎮壓。戰後，和人的勢力逐漸擴張，但仍持續和愛努族交易鮭魚、昆布等海鮮產品，也包含從中國東北輸入日本的蝦夷錦（編註：愛努人向滿清入貢所得來的絹織品），鞏固彼此間的**貿易**關係。

06 農業推動工商發展，對社會產生什麼變革？

鎌倉時代末期，日本因為農業技術進步而逐漸提高生產量，農民以這些剩餘的物產為資本，開始從事織品、造紙、製鹽等**手工業**。眾多農民自行集結組成自治組織，這個組織就叫作「**惣村**」。他們以惣村為中心開始生產商品，買賣商品的商人也隨之增加。

農業技術的發展

隨著技術發展，收穫量漸漸有了盈餘。農民便以這些農產品為資本，開始從事手工業和商業經營。

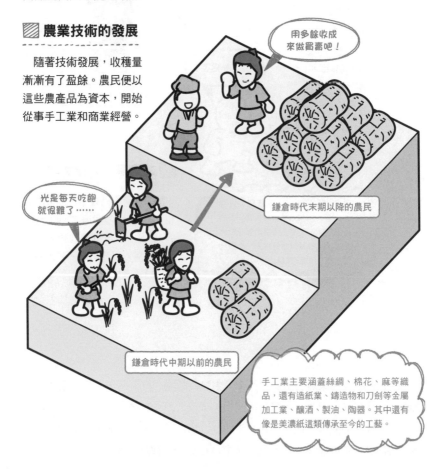

用多餘收成來做買賣吧！

鎌倉時代末期以降的農民

光是每天吃飽就很難了……

鎌倉時代中期以前的農民

手工業主要涵蓋絲綢、棉花、麻等織品，還有造紙業、鑄造物和刀劍等金屬加工業、釀酒、製油、陶器。其中還有像是美濃紙這類傳承至今的工藝。

税都被商人收走了……？

你要付關錢

怎麼又要繳錢哦？

幕府、朝廷、寺社等

另一個關所

你要付關錢（過路費）

被收錢了……

我要大喜特喜！

關所

日本古代和近世都會在主要的交通樞紐上設置關所，用意是為了監控軍隊，確保重要人物的通行安全，與中世的關所大不相同。中世的關所目的是向往返街道的小販商人收取過路費。

　　隨著商業發達，幕府、朝廷、寺社也開始想從商業活動分一杯羹。他們所採取的手段，就是設置各自的**關所**。當百姓四處奔波經商，需要通過關所時，都必須繳納**關錢**作為過路費。後來，商人為了抗議這個限制，便自行成立組織，這個組織就稱為「**座**」。

07　惣村自治的普及，與一揆有什麼關係？

　　平安時代以前的農民，經濟力和組織力都還很弱。農民如果想要逃避朝廷課徵的稅，就只能逃離家鄉土地、偽造戶籍，或是未獲許可私下剃度出家。但是自從惣村這類自治組織集結了眾人的力量後，農民就能以強硬的手段施壓幕府或朝廷回應他們的需求，而這種行動就稱作**一揆**。

平安時代以前的農民

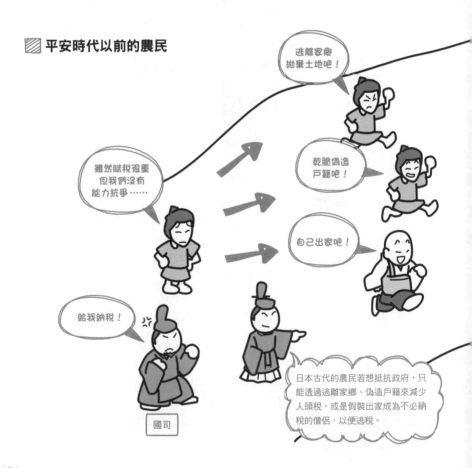

逃離家鄉拋棄土地吧！

雖然賦稅很重但我們沒有能力抗爭……

乾脆偽造戶籍吧！

自己出家吧！

給我納稅！

國司

日本古代的農民若想抵抗政府，只能透過逃離家鄉、偽造戶籍來減少人頭稅，或是假裝出家成為不必納稅的僧侶，以便逃稅。

在這個時代，成為惡黨的武士因為政府嚴加取締，他們便化身為農民或馬借（透過馬匹運輸貨物的業者）住紮地方，導致下級武士與平民的區別逐漸變得不明顯。農民的一揆行動自然也包含這些下級武士的武力。此外，寺社也成了這些組織的據點，從而提高經濟力和軍事力。其中最大的民眾勢力，就是本願寺的一向一揆。

室町時代的民眾

稅收讓人苦不堪言……

忍不下去了！發動一揆抗爭吧！

農民、商人、馬借（運輸業者）等

給我納稅！

朝廷、幕府、莊園領主等

關於一揆與惣村

「一揆」是指許多人為達成目的而團結一致的行動。由於此時期手工業發達，促成農民和商人組成名為惣村或座的自治組織，他們以這些組織為中樞，再透過馬借向外串聯，最終發展成足以向朝廷和幕府抗爭的規模。

08 守護大名崛起，為什麼造成莊園制瓦解？

在鎌倉時代還有一個名叫「守護」的官職，負責監視管理莊園的地頭。原本守護的權限只有警察權，但是在十四世紀中葉，朝廷頒布**半濟令**後，守護獲得可在派任的莊園徵收**一半收成的權利**，得以鞏固經濟基礎。守護開始擁有勢力與武力後，便逐漸形成可以**獨力統治派任地的守護大名**。

▨ 鎌倉時代的守護權限

守護是由將軍任命的官職，起初的權限只有取締刈田狼藉（偷竊別人田地的稻作），維持當地治安而已。

嗯！

守護

其他稻子也隨便割吧（刈田狼藉）

財產全沒收

快逃啊！

怎麼這樣……

▨ 守護的管轄限制

守護追緝的犯人一旦逃進寺社的領地裡，便會因為不在管轄範圍內而無法追捕。

室町幕府察覺各地的守護大名紛紛出現獨立的動向，曾企圖壓制下來，但是卻依舊無法阻止守護大名逕行支配他們派任的土地。結果，**室町幕府的管轄區域愈來愈狹小，勢力逐漸衰退**。不僅如此，守護大名同時也奪走幕府領下的莊園統治權，導致莊園制也跟著式微。

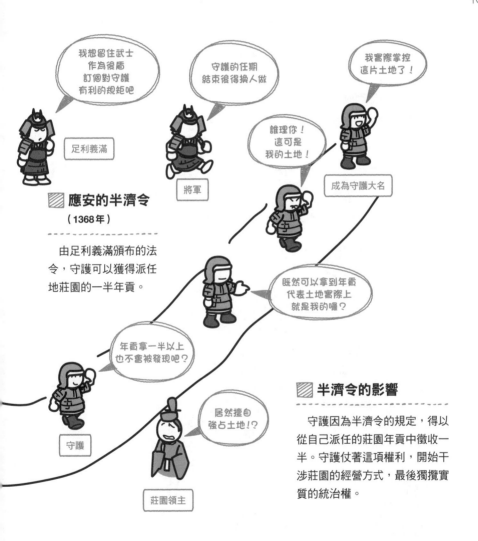

應安的半濟令
（1368年）

由足利義滿頒布的法令，守護可以獲得派任地莊園的一半年貢。

半濟令的影響

守護因為半濟令的規定，得以從自己派任的莊園年貢中徵收一半。守護仗著這項權利，開始干涉莊園的經營方式，最後獨攬實質的統治權。

09 室町文化是如何在地方集團傳播開來？

南北朝文化中最新的風潮，就是象徵武士反抗傳統權威的**婆娑羅**精神，孕育出華麗、奢侈、愛好新事物的風氣，以及連歌、能樂、茶寄合等藝術的流行。另一方面，以**足利義滿**為中心的**北山文化**也在此時期誕生，以鹿苑寺金閣為代表，武家與公家文化融合，融入禪宗意境的水墨畫也蔚為流行。

莊園一個個都被守護搶走了我們不但沒錢也缺乏人手……

不論是源自婆娑羅的新興南北朝文化，還是融合武家與公家文化的北山文化，上層階級的文化都在經濟實力變高的平民百姓間流傳開來。兩者與東山文化合稱室町文化。

朝廷、公家

這是比落伍的公家文化更新的流行！

守護大名

▨ 婆娑羅的精神

婆娑羅是指身穿華麗的服飾，任意嘲弄公家等權威人士，在當時的有力武士之間十分流行，南北朝時代許多文化也是由此孕育衍生。

能樂

茶寄合

▨ 接待文化人的主要大名

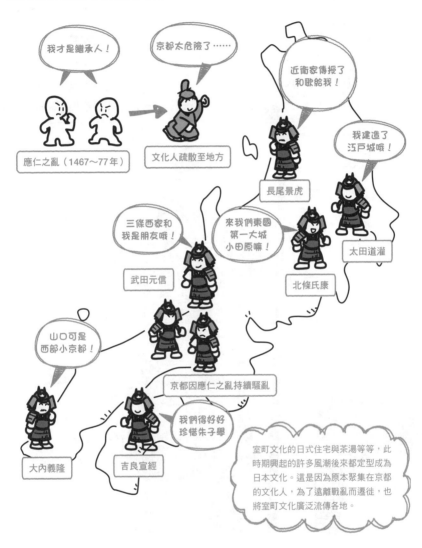

第八代將軍**足利義政**，提倡幽玄和侘等美學意識，開創東山文化。由南北朝文化、北山文化、東山文化結合形塑而成的室町文化，也**從京都流傳到地方**。西元一四六七年，應仁之亂爆發，這場內亂也造成京都荒廢，於是各地大名招待並收留從京都前來避難的文化人。

流行時裝
CHECK

南北朝與室町時代

◎ 法螺

這是大日如來的梵字象徵，在深山中也能用來向外人傳達自身的所在地。

◎ 錫杖

錫杖頂部裝有金屬環，一蹬就會發出聲音！可發揮驅趕山中野獸的效果。

◎ 螺緒

看起來很像是裝飾品，其實是登山時最方便實用的繩索！

室町時代・
山伏

　　修驗道結合了日本自古的山岳信仰與佛教的真言密教，並以奈良縣金峯山寺為中心向外傳播。奔波各地深山修行的修驗道山伏，其實還身負一項職責 —— 為中世握有龐大勢力的寺社之間傳遞消息。山伏的隨身物品多半都帶有信仰象徵，同時兼具可應用於山岳活動的實用性。

◉ 大原黑木

大原女的象徵。京都近郊大原是炭和木柴的產地，為全京都提供火種。在職人歌合圖畫中也出現過。

◉ 稻草圈

方便將柴薪頂在頭上而戴的裝備。會配合頭形製作，講究穩定性。

◉ 小袖

袖子窄一點才方便活動，充滿勞動女性所需的機能之美。

室町時代・大原女

　　大原女是指將柴薪頂在頭上、前往京都兜售的大原女子，也是京都著名的景象。在室町時代有愈來愈多像這樣的小販商人，其中女性小販就稱作販女。他們兜售的商品五花八門，有魚、熟鮓（壽司的原型）、栗子、蔬菜等食品，也有販賣火鉢或木材等道具的人。

撰錢 與
室町時代的通貨二三事

大名和商人都為惡錢所苦

　　日本古時候使用的銅錢，和現在流通的硬幣不同，不論是公鑄還是私鑄（偽幣），都混雜很多品質低劣的**惡錢**（鐚）。這個現象可以從造幣技術和流通方式來討論。當時1枚銅錢等於1文，1000枚等於1貫；使用時，基本上是以100枚、1000枚為單位用繩子串好（銅錢中央的四方形洞口就是方便串繩之用），使用錢幣串交易買賣。可是，這種作法很難檢查當中是否參雜劣質錢幣，導致用惡錢充數的現象十分嚴重。而拒絕收受惡錢交易的行為，就稱為**撰錢**。

　　參與日明貿易、經手大量銅錢的室町幕府與大名，手中累積不少惡錢。要是商人撰錢交易，就會導致惡錢失去作用，所以他們時常下令禁止商人撰錢，但效果不彰。直到江戶幕府於1636年以後重新鑄造品質穩定的寬永通寶，撰錢才從此消失。

chapter 06

戰國至安土桃山時代

日本各地上演著盜國大戲，此時有名胸懷壯志、意欲稱霸日本而奮勇向前的男子漢登上舞臺，他就是織田信長。這名男人的格調與其他群雄大相逕庭。

01 戰國大名登場，如何顛覆城池的型態？

守護大名獲得室町幕府賜予的權限，負責維持赴任地的治安，並且得以在當地徵稅。但是他們卻以此為後盾，擅自將赴任地占為己有。到了十六世紀初，幕府權威逐漸衰退，不必仰仗幕府聲望、靠自身實力即可統治各地的**戰國大名**陸續出現。其中也不乏原為守護大名的部屬，卻乘勢取而代之的**下剋上**人物。

守護大名

我任命你為○○國的守護！

趁這個機會將○○占為己有……

守護大名

室町幕府

守護大名原本是幕府派任，擔任特定小國的守護，後來在這個基礎之上開始支配赴任地域。

戰國大名

戰國大名與幕府無關，是憑藉實力統治特定的小國或地區。

我可沒任命這號人物哦？

室町幕府

我只要掌握當地的審權，誰管幕府承不承認！

戰國大名

戰國時代以前的城

主要為建造在險峻山上的山城，當敵人來襲時可以據守城內作戰，因此平時沒有城主坐鎮。

戰國大名的城

家臣和商人都要集居在城郭旁邊！（這才方便管理）

人潮聚集我的商品才好賣啊～

既然如此順便也整頓道路吧

如何？瞧這氣派的城下町！

山城與平城、平山城的城下町差異

大名的家臣與商人會移居城郭周邊，形成城鎮。城內平時也有城主駐守，是該國的軍事、政治、經濟中心。

戰國大名要求家臣與商人必須集居在城郭附近，並以城作為政治、經濟的中心，發展成中央集權化的**城下町**。為了強化國力，戰國大名也一併整頓了道路等基礎建設。他們承認家臣擁有土地管轄權，但該土地的價值會以金錢衡量，家臣必須按金額履行兵役等義務（**貫高制**）。

02 歐洲航海家為什麼要千里迢迢來日本？

　　日本戰國時代，**歐洲各國**與**鄂圖曼帝國**正處於敵對狀態。歐洲國家希望取得印度產的胡椒與其他亞洲物產，可是通往亞洲最短的航路卻遭到鄂圖曼帝國阻擋。因此，**歐洲各國企圖開拓通往亞洲的新航路**，便向南繞過非洲大陸，穿越印度洋前往印度。

鄂圖曼帝國
根本獅子大開口！

歐洲國家

在亞洲和歐洲之間
收取仲介費，
就能發大財！

鄂圖曼帝國

來找不用經過
鄂圖曼帝國的
亞洲新航道吧！

來去
亞洲囉！

胡椒可以調味，又有防腐的效果，但歐洲本土無法栽種，所以視亞洲產的胡椒為珍稀寶物。

歐洲各國為了直接向原產地購買胡椒，試圖開拓通往亞洲的新航道，於是造就大航海時代。

🟦 歐亞航路競爭

從歐洲前往亞洲的新航路開通以後，以荷蘭、葡萄牙、英國為主的歐洲國家便因亞洲貿易權而屢屢發生紛爭，各國爭相進駐亞洲各地。

這是黃金之國嗎？

不被商業敵國妨礙的地方在哪裡呢……

16世紀中葉後，葡萄牙等國的船隻開始往返日本

歐洲諸國的貿易之爭

抵達印度囉！

🟦 銀輸出大國

日本約在16世紀成為銀礦輸出國，在17世紀初達全盛時期，銀的產量甚至占全世界的1/3～1/4。這也是歐洲各國試圖與日本貿易的理由之一。

歐洲各國之間的爭鬥，既與商業糾紛有關，同時也牽涉基督信仰的派系之爭（英國屬於英國國教會，荷蘭屬於新教，葡萄牙屬於天主教），導致紛爭益趨複雜。

歐亞之間的航道開拓以後，歐洲各國便開始競相爭奪印度與東南亞的貿易權利。這些歐洲國家爭先恐後，不斷拓展貿易對象，最終將觸角從印度延伸至日本。尤其當時**日本的銀礦產量、出口量都非常龐大**，所以廣受歐洲各國關注。

03　成功下剋上的大名，有哪些代表人物？

　　原本是守護大名的家臣，卻篡奪主君勢力（下剋上），成為戰國大名的代表人物，就是**織田氏與朝倉氏**。他們本來都是守護斯波氏的下臣，以斯波氏守護的身分，分別代理管轄尾張與越前等地（又稱**守護代**），但後來他們都取代斯波氏，自立門戶。

下剋上範例……越前的朝倉氏、尾張的織田氏

守護代

　　守護代的職責是當守護的領地分散各地時，以守護的代理人身分管轄領地。日本各地都有守護代憑自身勢力直接脫離守護，獨立成為戰國大名。

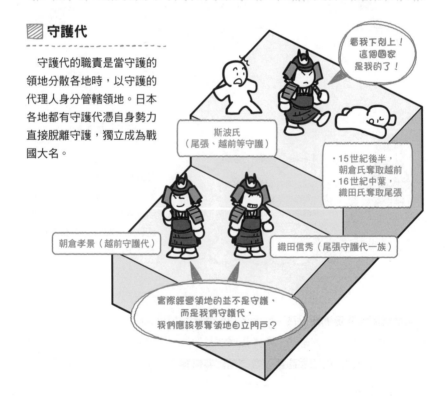

看我下剋上！這個國家是我的了！

斯波氏
（尾張、越前等守護）

・15世紀後半，
朝倉氏奪取越前
・16世紀中葉，
織田氏奪取尾張

朝倉孝景（越前守護代）

織田信秀（尾張守護代一族）

實際經營領地的並不是守護，
而是我們守護代，
我們應該篡奪領地自立門戶？

就算守護大名
是我父親，
我還是下剋上！

領地和關東管領
上杉氏的家督
都是我的了！

上杉謙信

武田信玄

據說我是從
室町幕府的
官僚一族崛起

織田信秀

伊勢盛時
（北條早雲）

我是從故鄉
安藝的武士（國人）
身分崛起的～

我搶走了
守護代齋藤氏

齋藤道三

我仗著
守護代一族
的身分
侵占了領地

毛利元就

龍造寺隆信

我是從故鄉
肥前的武士（國人）
身分崛起！

成功下剋上的主要戰國大名

　　戰國大名是靠實力征服領地，出身除了
守護代外，也遍及國人（當地獨立武士）
等各種階層。其中也有像伊勢盛時與齋藤
道三這些來歷始終不明的人。

　　在所有成功下剋上的戰國大名當中，朝倉孝景是最早在自己的管轄地制定獨
立法規（分國法）的大名。另外還有趁主君內訌而掌握大權的上杉謙信與毛利
元就、放逐守護大名的父親以奪得領地的武田信玄，以及來歷眾說紛紜的伊勢
盛時與齋藤道三等等，每位戰國大名崛起的過程與緣由各不相同。

04 織田信長的天下布武，具體有哪些舉措？

　　織田信長使用刻有「**天下布武**」四個字的朱印，這個詞的意思就是「由武家治理天下（全國）」。但是，當時的戰國大名麾下的**士兵都兼職農耕**，一旦遠征討伐其他勢力時，便會導致領地長期無法耕作，田地在這段閒置期間的收穫量就會減少，進而導致軍費不足。因此信長必須先克服這個問題。

　　信長與其他大名不同，他編組**常備軍**，軍隊以擁有大量鐵砲的足輕（步兵）為主力，明確區分士兵與農民。為了建立維持常備軍所需的經濟能力，他也強勢推行樂市樂座等**優待商人的政策**，努力召集更多商人、透過大量採購低價買進物資，強化交易效率。信長才得以實現**長期遠征的可能**，逐步拓展勢力。

信長的常備軍與經濟政策

　　信長認為應當組織常備軍，但這樣卻會增加維持軍隊的支出。他為了抵消這個負擔，便轉而禮遇商人，強化經濟實力。

05 豐臣秀吉原是家臣，卻幸運成為天下人？

一五八二年，織田信長遭到部下明智光秀背叛（**本能寺之變**），信長的下屬 **羽柴秀吉**（後來的豐臣秀吉）率先討伐光秀。秀吉通過討伐光秀，號召信長各地的眾多舊屬，進而崛起成為新的領袖。而後他陸續與各地大名作戰，或是透過交涉使其臣服，直到一五九〇年，秀吉才成功征服全國，**統一天下**。

▨ 秀吉統一天下的過程

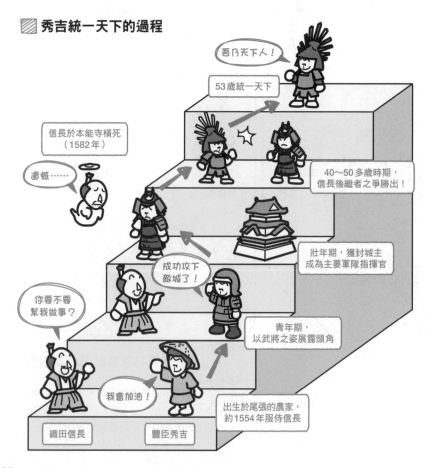

吾乃天下人！

53歲統一天下

信長於本能寺橫死（1582年）

漕憾……

40～50多歲時期，信長後繼者之爭勝出！

成功攻下敵城了！

壯年期，獲封城主成為主要軍隊指揮官

你要不要幫我做事？

青年期，以武將之姿展露頭角

我會加油！

出生於尾張的農家，約1554年服侍信長

織田信長　　豐臣秀吉

秀吉掌控金山

秀吉手握佐渡、石見、生野等日本主要的金山和銀山礦權，收受龐大的金銀年貢。

統一天下可是需要很多錢維持常備軍哦！

織田信長

有金子的地方通通由我直轄支配！

金山

那我得確保財源才行呀……

豐臣秀吉

秀吉與藏入地

秀吉的直轄地以畿內為中心（藏入地），向畿內收取年貢，最高時可收到200萬石以上。

藏入地

豪商

秀吉與豪商

秀吉賜予特權給小西隆佐等有力商人，他們則上繳保護費作為交換。

秀吉繼承了信長的常備軍，同樣注重提高經濟實力以維持軍隊。其經濟基礎除了約兩百二十萬石的**藏入地**（直轄地）以外，還將**京都與大坂等商人聚集的都市改為直轄地**，要求他們向自己納稅。不僅如此，秀吉也將多位戰國大名領地內的**金山、銀山設為直轄**，要求當地上繳產出的龐大金銀。

06 太閤檢地與刀狩令，背後隱藏深遠用意？

　　戰國大名擅自向領地居民徵稅，造成**莊園制逐漸瓦解**。但是土地的權利關係始終複雜不清，導致大名無法有效率且確實地徵收租稅。為了解決這個問題，部分戰國大名便展開土地調查（**檢地**）。秀吉的太閤檢地則實施得更徹底，**使用統一的測量工具實際測量土地**。

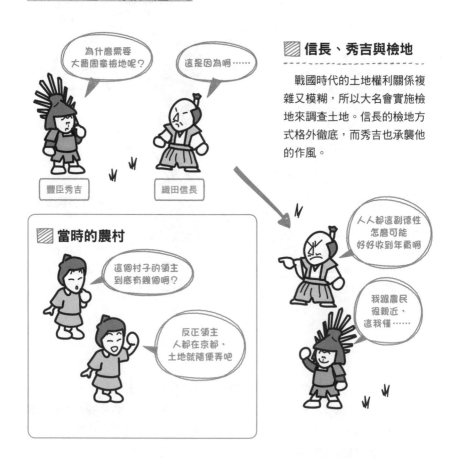

信長、秀吉與檢地

　　戰國時代的土地權利關係複雜又模糊，所以大名會實施檢地來調查土地。信長的檢地方式格外徹底，而秀吉也承襲他的作風。

為什麼需要大費周章檢地呢？

這是因為啊……

豐臣秀吉

織田信長

人人都這副德性怎麼可能好好收到年貢啊

我跟農民很親近，這我懂……

當時的農村

這個村子的領主到底有幾個啊？

反正領主人都在京都，土地就隨便弄吧

▨ 織田信長的兵農分離

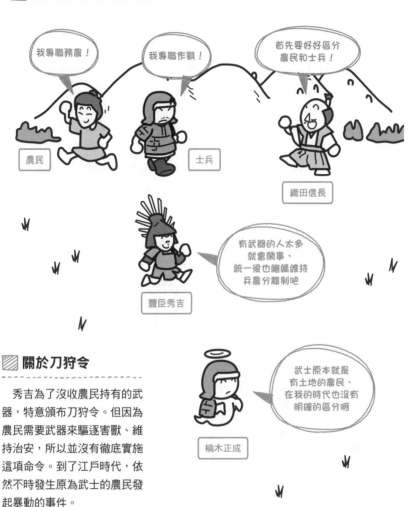

▨ 關於刀狩令

秀吉為了沒收農民持有的武器，特意頒布刀狩令。但因為農民需要武器來驅逐害獸、維持治安，所以並沒有徹底實施這項命令。到了江戶時代，依然不時發生原為武士的農民發起暴動的事件。

此外，秀吉也**持續推行信長的兵農分離政令**。大約從一五八七年開始，秀吉便逐步限制並禁止武士以外的百姓持有刀、弓、鐵砲等武器，亦不得行使武力。秀吉頒布這項命令的目的，是為了更加明確區別士兵和農民的階級，從而防範農民發起暴動。

07 豐臣秀吉為什麼堅持兩度出兵朝鮮？

　　安土桃山時代的日本，盛產大量的銀，就連鐵砲持有數也堪稱世界數一數二，無論軍事力還是經濟力都是亞洲屈指可數的大國。同一時期，明朝受到後金（後來的清朝）威脅，勢力逐漸衰退，促使**秀吉興起征服明朝的念頭**，並下令朝鮮協助進攻。但是朝鮮拒絕這個要求，因此秀吉便率先攻打朝鮮。

推翻明朝的機會來了？

後金（後來的清）

日本要攻過來緊緊我！

朕現在有點吃不消……

明

朝鮮向明請求援軍

才不要

緊我們進攻明吧！

統一日本後下一步就是征服中國！

秀吉要求朝鮮協助

要緊哪邊我們才有利可圖呢？

琉球王國

朝鮮隸屬於明朝的朝貢體系，名義上臣屬於明，所以才向明請求援軍。但是當時的明朝正面臨政局上的勢力鬥爭與後金來襲，國家搖搖欲墜，無法派援軍協助朝鮮。

朝鮮出兵與有田燒

佐賀的大名鍋島直茂，從朝鮮撤兵時順便將朝鮮陶匠帶回日本。其中李參平在日本燒出第一個白瓷，被視為有田燒的始祖。

日本出兵朝鮮時期，尤其是一五九二年的文祿之役，軍隊攻進相當於現在北韓的區域。但是因為後勤補給不及，日軍只能在當地掠奪物資，導致朝鮮人對日本人大為不滿，抗日義民群起暴動；再加上遠征朝鮮的武將間也彼此對立掣肘，致使戰況陷入膠著，最後因為**一五九八年秀吉去世而撤兵**。

08 戰國大名曾經是基督教的虔誠信徒？

　　路易士·佛洛伊斯等多名傳教士，在日本各地的戰國大名領土內取得傳教許可，同時也向大名宣揚教義。傳教士也會藉傳教之便，向大名提出**南蠻貿易**（與派遣傳教士的歐洲各國進行貿易）可以獲取的利益。有些大名基於實益而允許傳教，不過也有大名是純粹受到基督教感化才受洗成為教徒。

主要的吉利支丹大名

想在日本布教就得設法親近掌權者啊

路易士·佛洛伊斯
（接近織田信長的葡萄牙傳教士）

寺院和神社態度都很高傲，還是引進基督教平衡一下吧

就算被流放我也堅守信仰！

高山右近

大友義鎮（宗麟）

小西行長

吉利支丹發起叛亂但我希望息事寧人

有馬晴信

我來保護基督教，作為交換條件進行南蠻貿易吧！

　　織田信長與**豐臣秀吉**為了從南蠻貿易中獲得利益，允許基督教傳教士在領內傳教。可是當秀吉統一天下後，卻開始擔憂外國利用基督教勢力侵略日本，因而於一五八七年頒布**伴天連追放令**，限制傳教士的活動。到了江戶時代初期，幕府更是完全禁止基督教信仰。

秀吉與伴天連追放令

　　秀吉起初承襲信長的作風，允許基督教士布教，但後來卻擔心教徒發動一揆，以及歐洲各國利用宗教把日本納入殖民地，便於 1587 年頒布伴天連追放令，限制傳教活動。

豐臣秀吉

派家臣拜訪
羅馬教宗吧！

伊達政宗

要是外國人
值得信任的話
就提拔他
成為武士吧

我對西洋知識
很感興趣
也想多認識他們
就允許傳教吧

德川家康

三浦按針
（威廉‧亞當斯，侍奉德川
家康的英國航海家）

路易士‧佛洛伊斯

織田信長

流行時裝 CHECK

戰國至安土桃山時代

黑色頭巾

這種造型的頭巾也是由千利休推廣開來，所以現代普遍把這種帽子稱作利休帽。

絡子

外觀看起來很像圍裙，是袈裟簡化後的代替品。袈裟容易限制四肢活動，不方便招待客人，所以絡子成了茶人必備的裝束。

道服

袈裟的一種，有顏色的直綴（連身裙式的僧服）可說是利休特有的造型。

安土桃山時代・道服茶人

這份資料參考自千利休。黑色頭巾加上黃灰色的直綴，手持扇子或念珠，這種禪宗系統的法衣是從千利休開始廣傳遠播的僧侶服飾。榮西從中國將茶帶回日本，在禪宗之間推廣開來，此後成為室町時代大名與豪商的固有文化，最後由利休集大成，確立以簡素為本的侘茶作法。

◉ 玫瑰念珠

向聖母瑪麗亞祈禱用的天主教道具。早一步來到日本的西班牙和葡萄牙天主教傳教士都會攜帶這串念珠，但信仰新教的荷蘭人並不會使用。

◉ 荷葉邊褶領

這是當時歐洲的流行服飾，可隔離上衣，避免衣物髒汙接觸肌膚和鬍子。且更換輕鬆，非常方便。

◉ 長褲

在葡萄牙語裡寫作Calsao，後來發展成江戶時代工匠師傅常穿的輕衫。

安土桃山時代・
南蠻人

　　南蠻人這個稱呼，是因為西班牙、葡萄牙等天主教勢力是繞行至東南亞前往日本，從日本人的角度看來就是來自南方。兩國的文化透過貿易傳入日本。相對地，日本人則稱呼荷蘭人為紅毛人。當日本武士受洗成為天主教徒後，也會穿戴荷葉邊褶領和玫瑰念珠。

豐臣秀吉 其實 沒有親生骨肉？

秀吉曾在年輕時生子

秀吉的親生兒子，只有淀殿所生的鶴松（夭折）和**豐臣秀賴**，其他都是養子。而當這兩名孩子出生時，秀吉早已五十多歲了。

秀吉雖然與眾多女性發生過關係，但除了淀殿以外，其他女性都未曾生子，而秀吉是年過五十才突然得子，著實令人匪夷所思。況且秀賴與矮小的秀吉相反，身材十分魁梧，所以私下也有傳聞秀賴是淀殿外遇所生的孩子，秀吉根本沒有親生骨肉。

不過，也有傳說否定秀吉無子嗣的說法。滋賀縣長濱市的妙法寺，是秀吉任長濱城主時期與側室所生的兒子**秀勝**（石松丸）的菩提寺，史學家桑田忠親認為秀勝就是秀吉的親生兒子，以此否定秀吉無子的說法。加上秀吉十分溺愛鶴松和秀賴，這種表現可為大眾稍稍消弭秀吉沒有親生骨肉的印象。

chapter 07

江戶時代

> 睽違數百年，日本終於徹底熄滅戰火，百姓歌頌著太平盛世。然而後來始終困擾江戶幕府，最終甚至迫使幕府垮臺的難題，居然是無以回天的嚴重財政虧損!?

這裡！的1598～1615年

01 老謀深算的德川家康，如何奪取天下？

豐臣秀吉在一五九八年去世，臨死前，他將後事託付給擁護繼承人豐臣秀賴的下屬（**石田三成**與加藤清正等人）以及有力大名（**德川家康**等人）。但是，以三成為首的文治派，卻與清正領導的武斷派互相對立。和武斷派聯手的家康，最終於一六〇〇年發動**關原之戰**，擊敗三成，從此掌握政治主導權。

西軍

關原之戰
（1600年）

你這老狐狸！

石田三成等文治派

我兒子就拜託
你們了……

東軍

豐臣秀吉去世
（1598年）

你根本沒有人望
怎可能統率大家！

德川家康與武斷派

文治派與武斷派的對立

豐臣政權裡，負責執政的文治派與負責軍務的武斷派爆發派系之爭。德川家康拉攏武斷派，與石田三成發生衝突，最終演變為關原之戰。

家康於一六○三年就任**征夷大將軍**，成為武士之首。但當時的關白（公家實質上的最高職位）是太閤之子秀賴，這樣的體制也造成眾武士無法釐清何者才是最高領袖的局面。家康後來在一六一四至一五年擊敗秀賴（**大坂之役**），建立以江戶幕府將軍為頂點的體系。

02 江戶幕府開創初期，是如何鞏固政權？

江戶幕府制定武士必須遵守的法規**武家諸法度**，再憑著這股征服全國大名的勢力，另外制定規範天皇和公家的**禁中並公家諸法度**，以及規範寺院的**寺院諸法度**，就連武士以外的身分也全都在掌控之中。這個統治體系直到十七世紀中葉德川家光繼任的時期，才大致底定。

將軍竟然連武士以外的人也能掌控！？

不分武士、朝廷、僧侶、平民都由幕府規範！

源賴朝

德川家康

明明天皇的身分比較高畫說……

大名、寺社、朝廷

平民

江戶時代的身分階層

根據幕末的文獻記載，江戶時代的人口有8成以上是農民，剩下的2成，則是由武士、町人（工商業者）、穢多和非人（賤民）、宗教相關人士，以及公家組成。不過有些農民會季節性前往外地勞動賺錢。

▨ 家康～家光的武斷政治

不過，當時也有島原之亂、慶安之變等諸多試圖靠武力破壞幕府秩序的暴動。這些叛亂活動主要由遭幕府消滅的大名旗下武士所發起。直到一六五一年，德川綱吉就任為將軍以後，開始轉變統治方針，改實施**文治政治**，不再消滅反抗幕府的大名，以防造成更多這類心懷不滿的武士。

03 日本鎖國，是徹底與外界斷絕往來嗎？

　　江戶幕府成立最初，還會派遣**朱印船**前往東南亞各地，積極展開貿易活動。但是在貿易中受惠最大的，卻是對幕府不夠忠心的九州各大名，幕府因此心生危機。另一面，幕府與基督教日漸處於對立，於是便禁止人民從事幕府管轄外的非法貿易活動。這項限制就是日後所謂的**鎖國**。

▨ **朱印船航路與主要港口**

朱印船是指在日本獲得海外渡航許可的船隻哦！

長崎

澳門

東京（越南）

▨ **東南亞與日本人町**

　　16世紀後，日本人以東南亞的港都為中心，開始向海外發展。全盛時期的大城府（編註：位於今日的泰國中部）甚至居住超過1000名日本人。

馬尼拉

大城府

北大年

汶萊

特爾納特

安汶島

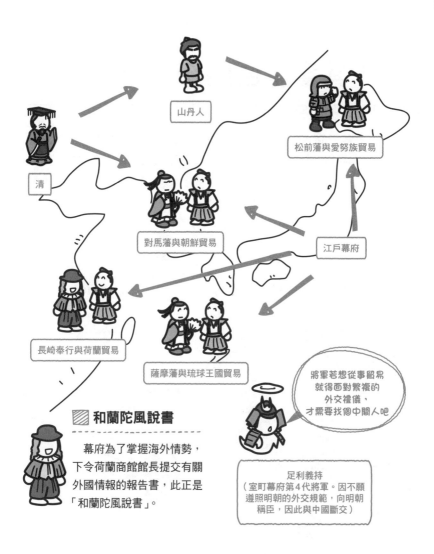

山丹人

松前藩與愛努族貿易

清

對馬藩與朝鮮貿易

江戶幕府

長崎奉行與荷蘭貿易

薩摩藩與琉球王國貿易

將軍若想從事貿易
就得面對繁複的
外交禮儀，
才需要找個中間人吧

足利義持
（室町幕府第4代將軍。因不願
遵照明朝的外交規範，向明朝
稱臣，因此與中國斷交）

和蘭陀風說書

幕府為了掌握海外情勢，
下令荷蘭商館館長提交有關
外國情報的報告書，此正是
「和蘭陀風說書」。

　　鎖國之下的江戶幕府，只有四個與海外貿易的管道，分別是松前的**愛努與山
丹人**路線、對馬的**朝鮮**路線（這兩個管道也能間接與清朝貿易）、長崎奉行的
荷蘭路線，以及透過薩摩的**琉球王國**路線。幕府僅利用這四條貿易路線，從事
小規模的**貿易管理**。

04 江戶時代的經濟地位 其實全由階級決定？

　　在江戶時代，一個人的身分與從事的職業緊密連結，不同的職業會自成一個社會集團。幕府和大名會要求這些集團提供「**役（上納金、提供勞力等等）**」，唯有確實履行役務的集團才能獲得承認。常見的集團為農民的村落組織，不過也有專業工匠、商人、僧侶、神職、藝能人士、穢多、非人等集團。

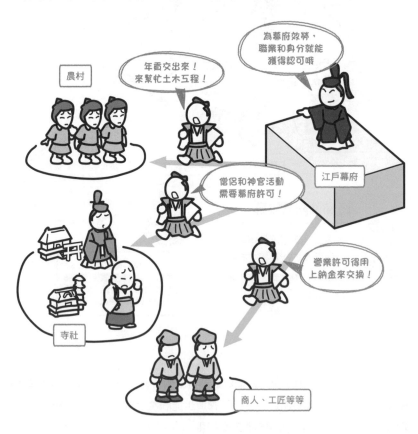

田畑永代賣買禁止令

幕府於1643年頒布限制土地交易的禁止令，目的在於防範富農收購大量土地。但實際上因為農田歉收，農民紛紛放棄耕作，使得法令無法徹底施行。

　　其中，幕府特別重視占總人口七至八成的**農民**，所以特別訂立五人組和寺請制度，加強農民的管理。此外，由於農耕技術提升，導致農民之間出現貧富差距，富有的農地主開始聘僱佃農幫忙耕作。幕府不希望富農從中剝削，便頒布**田畑永代賣買禁止令**。然而禁止成效不彰，農民的貧富差距反而愈來愈大了。

江戶時代航路發達，促成哪些產業誕生？

在江戶時代，農業技術更加先進，農具也大有改善。此時期主要的農具包含尖端鋒利、方便耕作硬土的**備中鍬**，還有可以加快稻穗脫殼作業的**千齒**。另外像是干鰯（沙丁魚乾）、油粕等金肥（需要花錢購買的肥料）也十分普及。這些技術往往透過《**農業全書**》之類的書籍，在全國推廣開來。

農業技術的演進

安土桃山時代以前 ➡ 江戶時代後期

耕作……無法耕作硬土

備中鍬……硬土也可以耕作了

脫殼……不停摔打稻束，讓稻殼脫落

千齒……只要拉扯稻束即可脫殼

全國石高……1851萬石（1598年）

全國石高……3056萬石（1834年）

石高數據根據《一目でわかる江戶時代》（小學館）

江戶時代的主要港都和航路

當時的海路以酒田到江戶為分界，可分為西迴航路與東迴航路。其中較常利用的航線是西迴航路，雖然距離長，但會行經大型消費城市，安全性也比較高。

各國大名為了將年貢米換成金錢，會特地把米運到大坂或江戶，大坂因此以稻米批發為中心商業發展興盛

酒田
西迴航路
江戶
京都、大坂
下關
東迴航路
長崎
河村瑞賢

眾大名平日身居江戶，為了把領內徵得的年貢換成金錢，往往需要運送大量的貨物，因此促使**海上運輸**格外發達。當中主要的路線，便屬活躍於十七世紀的商人河村瑞賢所開拓的**東迴航路與西迴航路**。海上運輸發達，促使日本各地積極研發特產品，以便販售到江戶等人口密集的城市。

143

06 享保、寬政、天保改革 透露幕府的末路？

經歷享保、寬政、天保改革，以德川吉宗為首的改革人士，企圖促使農民耕種大量稻米，藉此**重建幕府的財政**。然而事實上，隨著農業技術與運輸網路的進步，稻米的流通量上升，反倒使**米價呈現下跌的傾向**，光是透過以年貢米換錢來增加收入，也難以順利重建幕府的財政。

諸物價對比米價

人足寄場

許多從農村前往江戶賺外快的平民，因為苦無門路，只能鋌而走險犯罪，因此幕府在1790年設立更生設施，安排罪犯接受職業訓練。

　　農村人口流向江戶等城市的現象，背後原因主要在於米價下跌。因收入減少而**沒落的農民**，除了受人聘僱成為佃農以外，只能**進城賺外快**、當臨時工來糊口填補家用。儘管幕府冀望透過三大改革，例如新田開發和人返令，促使人口回流農村，但卻依舊無法提升農民生計，成效不彰。

07 承平的江戶時代竟然發生一揆和打壞事件？

　　十七世紀後半發生的一揆，主要是村役人這類管理村落的有力農民與領主之間對立，便試圖越過領主，向更高級的行政機關申訴（**越訴**）的行動。他們與領主的對立愈來愈激烈，甚至還會成群結黨訴諸武力。另一方面，幕府也會以極刑等嚴厲的手段處置抗爭的領導者。

17世紀後半的一揆

　　這時的主要行動是代表越訴，即是由農村的有力人士代表全體村民，要求上級行政機關回應他們的訴求，有時也會發展成武力抗爭。

一揆（代表越訴）

那傢伙的管理方法太嚴苛了……

還不快給我幹活！

大名

我們忍不下去了！

農村因催繳年貢等負擔而疲乏

到了江戶時代後半，人民因為物價大幅波動，導致生活困苦，遂將這股不滿推諉到政治因素而發起一揆（**世直一揆**），動用武力向幕府或領主抗爭。除此之外，當都市居民認定城內物價攀升乃是出於商人的壟斷行為時，也會做出**打壞**的行動，破壞商人的倉庫等設施加以制裁。

▨ 幕末的一揆

江戶末期，由於物價高漲引發社會動盪，訴諸武力的一揆、打壞事件頻傳。即使明治政府執政後，民眾依舊會採取這些行動。

08 江戶中期的元祿文化為後世帶來什麼影響？

　　從十七世紀後半到十八世紀初的**元祿時代**，文化發展十分蓬勃。這段時期經濟作物產量增加、手工業振興，各地盛行生產特產品，而買賣這些物產的**商人**也提高經濟能力。元祿文化的特點便是以商人喜好為取向，庶民色彩濃厚，寫實風格盛行，並以經濟、運輸都非常繁榮的**京都和大坂**為中心發展。

▨ 17世紀後半的特產品

　　17世紀後半，各地都研發出許多特產品，銷往物流中心——大坂與京都。產地主要集中在西日本。

只要靠各國物產發大財，就能專心發展藝術了！

京都、大坂的商人

荻燒

有田燒

阿波藍

紀州柑橘

各國大名為了重建財政，鼓勵民眾開發、販賣特產品。我的故鄉紀州盛產的橘子也很有名呢。

德川吉宗

▨ 朱子學

儒學流派之一，在日本發展為重視上下階級的思想。幕府為壓制叛亂而推廣朱子學，日後演變為尊王論的基礎。

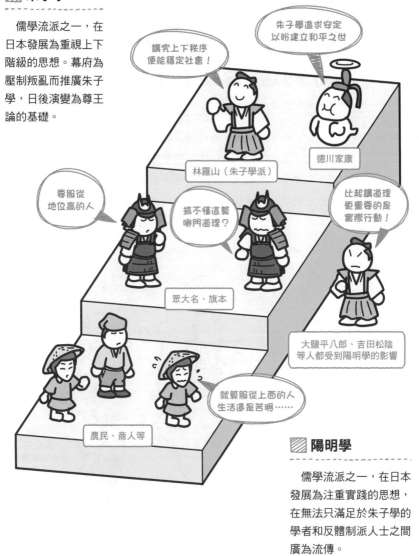

▨ 陽明學

儒學流派之一，在日本發展為注重實踐的思想，在無法只滿足於朱子學的學者和反體制派人士之間廣為流傳。

　　元祿時代盛行儒學，**朱子學、陽明學**這兩大儒學流派廣為流傳。朱子學注重君臣關係的**封建秩序**，因此受到幕府重視，並列為官方的學問。但是民間仍有些人無法只滿足於朱子學的學問，轉而投入注重**道德實踐**、力求解決現實社會問題的陽明學。

09 日本平民的識字率，高到連培里都詫異？

寶曆年間（1751～64年）以後，各地開設愈來愈多的**寺子屋**（江戶又稱手習指南所）。其成立背景源於當時幕府講求**文書主義**，大多數行政手續都是靠文書通行，幾乎不分階層，所有人在工作崗位上都需要相當程度的讀寫和計算能力。由於寺子屋是私人教育機構，多半由下級武士或僧侶兼職老師。

> 好好看公告並遵守哦！

> 農民要是不識字會很麻煩啊

> 年貢繳納證明也要做成文件哦

> 商人可不能不會讀寫算術啊

寺子屋（**手習指南所**）

施行教育的民間設施，18世紀後半以降更是廣泛增設。入學年齡約為6歲，約14歲畢業。學費可以金錢或實物繳納，教授內容也五花八門。

> 教師基本算是我們的兼職

> 請教我家孩子讀書！

> 下級武士、僧侶等經營寺子屋

百姓的識字率提高後，**以庶民作為主要受眾的文學**也隨之發達。當時活躍的畫家兼劇作家**山東京傳**，便創作附有插圖的戀愛故事，以及其他描述世間人情的**黃表紙**作品，大受歡迎。雖然這些作家偶爾會受到幕府打壓，但是相關創作依然透過租書店流傳開來，平民的識字率高到連幕末來日的外國人都訝異。

10 江戶後期的庶民文化 為什麼能繁榮發展？

　　寶曆、天明年間以後，由**松平定信**主導的**寬政改革**企圖控制人民的思想，下令懲處以山東京傳和蔦屋重三郎為代表的劇作家與出版業人士，導致民間創作一度凋零。不過在松平定信被解任以後，承襲其政策的寬政舊臣遺老相繼離開政界，才有機會衍生出華麗的**化政文化**。

定信的規定太嚴格了！

定信，別當老中了

德川家齊

1793年，松平定信下臺

不節儉的話財政會赤字……

江戶的民眾

哈哈活該！

松平定信雖然試圖透過推行撙節政策，彌補幕府的財政赤字，但是禁止民眾奢侈，反而招來更大的反彈。

化政文化的代表

定信的同黨也都離開了，可以盡情發展啦！

德川家齊

創作沒有限制了，我來寫個大長篇！

曲亭馬琴撰寫南總里見八犬傳

德川家齊的時代

家齊坐鎮將軍之位長達 50 年之久，雖然在位後期因為賄賂橫行，幕府腐敗無能，但當時以町人為中心的化政文化卻迎來全盛時代。

我要畫出一大堆浮世繪！

葛飾北齋等浮世繪畫家活躍

雖然家齊膝下子女成群，可是後來從家齊的一橋家出身的將軍，就只有從別處領養進門的我……

德川慶喜

化政文化的代表作品，在文藝方面有**曲亭馬琴的《南總里見八犬傳》**，繪畫方面則有**葛飾北齋的《富嶽三十六景》**。這些絢麗豪華的庶民文化蓬勃發展的同時，幕府從定信時代以來就十分嚴苛的財政狀況卻是更加惡化，即使後來在天保年間實施改革（天保改革），也依舊回天乏術。

11 日本在開國前夕的 國際關係與局勢轉變

英國、俄羅斯、荷蘭、美國等歐美國家不斷擴張殖民地，其勢力終於延伸至日本周邊。到了十八世紀後半，這些國家**派遣使者，要求日本開放自由通商**，但是幕府依舊只願意開放直轄的長崎作為對外窗口。

荷蘭的開國勸告

荷蘭告知幕府清朝因為鴉片戰爭戰敗而遭到強制開國，勸導幕府最好慢慢通商門戶，但幕府沒有理會。

美國在1846年派遣海軍將領貝特爾，以穩健的態度請求幕府開國，但以失敗告終。此事也造成日後培里態度強硬。

鴉片戰爭
對日本的影響

清朝戰敗,讓日本的
武士認清西方各國強大
的軍事武力,因此掀起
改革風潮。

清朝與英國因為鴉片走私貿易紛爭,於一八四〇年爆發**鴉片戰爭**。江戶幕府
親眼見證清朝一敗塗地,終於認清歐美列強壓倒性的軍事武力,於是對列強的
態度便軟化下來。武士之間也為了對抗歐美列強,紛紛呼籲幕府應該展開大規
模的改革。

155

流行時裝
CHECK

江戶時代

◎ 二折髻

這種前側的頭髮剃光、後側綁成頂髻的髮型,據說最早是為了用頭髮卡住頭盔,以免掉落。

◎ 肩衣

胸口處會繡上家紋的重要衣物。向外筆直伸展的造型,象徵武士的嚴謹耿直。

◎ 長袴

為避免有人在將軍殿內做壞事,所以刻意設計為過長的下襬,用以限制行動,這是一種禮節。

江戶時代・
上級武士

這是大名每逢三月三日、五月五日等節日前往江戶城時所穿著的禮服,也是將軍殿內的規定服裝。江戶時代的武士格外重視外表,講究儀態威嚴。順帶一提,無法綁出髮髻的武士(因為頭髮變稀疏,意味著年紀大了),便代表已經讓出家督地位、退隱幕後。

◎ 二折髻

頂髻原本是武士的髮型，但江戶時代的町人也開始仿而效之。

◎ 紙子羽織

紙子是以和紙揉出皺褶後，貼上布料製成的上衣外套。喜好風雅的人還會特地使用珍貴的書畫來製作。

江戶時代·町人

◎ 帶

長久的和平年代，讓腰帶用途也從講求實用性轉變為展現設計匠心，款式變得更多樣化。

　　和必須展現威嚴儀態的武士相比，町人的服裝可以依經濟能力任意搭配。羽織外套比較方便變換款式，所以流行也瞬息萬變。在寬政改革期間，幕府限制民眾穿著華麗的服飾，因此町人只能偷偷在襯料和內衣等不會外露的部分製作奢華的花紋，暗自互相較量。

每逢 江戶出府 大名就忙得人仰馬翻

在江戶城裡閒得發慌，但在宅邸則不然？

參勤交代是德川家光在位期間確立的制度，要求全國大名每年前往江戶，為將軍執行政務。大名需要往返領地與江戶，而在江戶執勤的期間就稱作「出府」。那麼出府中的大名，真的每天都要進江戶城上班嗎？

其實，大名只有在需要到江戶城出勤的**出仕日**，以及五節句等特殊日子才要上班，每個月大約只有幾天。而大名登城時，多半也只是待在伺候席，與同樣登城的大名閒話家常而已。

其他時候，各大名都是待在自己建在江戶的**宅邸**。但他們在這裡可不是照樣無聊得發悶，而是仰賴往來本國與江戶之間的飛腳（傳信使者）提供的報告，在江戶處理自家領地的政務。萬一故鄉出了大事，家老還會特地前來江戶與大名商量討論。看來大名也不是個輕鬆的職位呢。

chapter 08

明治時代

> 沉穩安眠的太平盛世終將結束。
> 日本拋棄了舊習、捲入風起雲湧
> 的世界情勢，阻擋去路的會是沉
> 睡的獅子、北天之熊，還是另有
> 其人……？

01 日本解除鎖國後，對國內造成何等衝擊？

一八五三年，美國海軍將領**培里**率領太平洋艦隊來航，在浦賀入港。培里強行派人測量海岸地形，並以威懾的態度逼迫江戶幕府開放通商，幕府只能應允**開國（簽訂神奈川條約）**。之期後，幕府與部分進步派大名便開始引進海外技術，以期力抗西歐列強。

1853年，美國的培里來航浦賀

你們要開國！

培里

鎖國的動盪

培里來航一事，使幕府的老中阿部正弘等人紛紛認為日本無法繼續鎖國，應當開始學習海外技術，加強國力。

忤逆這傢伙好像會很慘……只能開國了……

　日本開國，解除對外貿易限制後，以生絲為主的物產出口量出超，導致**國內物資不足、物價上漲**，使得社會上瀰漫不安的氛圍。雖然幕府一度頒布五品江戶迴送令，試圖透過貿易限制來穩定物價，卻因為西歐列強干涉而失敗。這件事也令**人民對幕府政策心生不滿**。

02 公武合體vs尊皇攘夷，兩大口號訴求為何？

　　江戶幕府未經朝廷許可便允諾開國，再加上開國後經濟動盪等背景，造成部分武士開始宣揚「幕府應歸順朝廷」的**尊皇思想**。幕府雖一度採取鎮壓尊皇派人士的行動（安政大獄），但因為大老井伊直弼遇刺而放棄，轉而向朝廷靠攏（**公武合體**），對抗反幕運動。

江戶幕府未經朝廷許可開國

趁現在開國談到的條件才比較有利哦！

哈里斯（美國領事）

我們會開國，但希望至少禁止進口鴉片……

井伊直弼（大老）

幕府不要自作主張！

孝明天皇

▨ 日美修好通商條約

　　1858年，幕府與美國簽訂條約。哈里斯以「日本若不想像清朝那樣被英國侵略，就應該先與美國簽訂條約才是」這番說詞，說服井伊直弼。

我也知道開國需要有朝廷的許可啊……

1860年，井伊直弼於櫻田門外遭到暗殺

薩摩、長州如何傾向倒幕

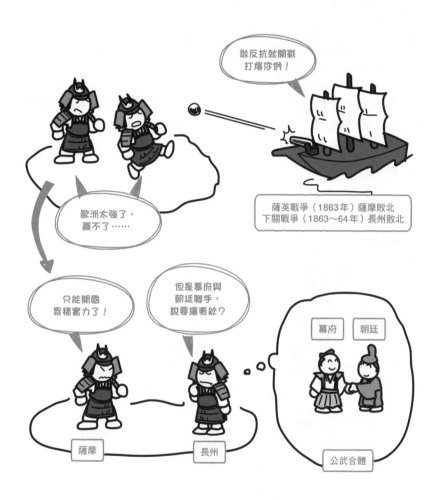

薩英戰爭（1863年）薩摩敗北
下關戰爭（1863～64年）長州敗北

　　尊皇攘夷是一種尊崇天皇、憑藉武力排除西歐列強的思想，但是**薩摩、長州**這兩個有力藩，卻因為與列強爆發薩英戰爭和下關戰爭，進而體會到外國的實力，認定只能建立**中央集權國家**來增強國力，否則不可能戰勝列強。因此他們才打算推翻想繼續維持地方分權制的幕府。

03 江戶無血開城後，倒幕運動就成功了嗎？

薩摩藩與長州藩計畫用武力推翻朝廷和幕府。相對於此，幕府則實行**大政奉還**，將統治權歸還朝廷。幕府的用意是表面上歸順朝廷、消除朝廷與幕府開戰的可能性，之後再與親幕府派的大名聯手干涉朝廷執政。可是倒幕陣營卻逼迫將軍德川慶喜**辭官納地**，交出官位與土地。

幕府將政權還給朝廷，這個大政奉還真的有意義嗎？

將軍・德川慶喜

朝廷要是拿回政權，應該就願意和有力人士達成協議，而舊幕府派人多勢眾，可以重奪主導權

大名・山內容堂

幕府和穩健派大概是打這種如意算盤吧！

大久保利通

德川會阻礙維新真想消滅他們！

岩倉具視

08
明治時代

辭官納地，是要求將軍把直轄領地獻給朝廷，使幕府無力再供養下臣。幕府拒絕接受這個要求，於是雙方從鳥羽伏見之戰一路交戰至**戊辰戰爭**。雖然幕府的兵力占據優勢，但是倒幕陣營的武器比較先進，而且開國後混亂的政局致使幕府失去民心，終至戰敗、交出江戶城，**幕府宣告滅亡**。

04 留學生與外國專家，幕末明治的文明交流

　　幕府和大名發現西歐列強的國力如此強大，便派遣年輕優秀的人才，以使節或留學生的身分前往歐美各國，或是以優渥的酬勞聘僱外國專家來日本傳授技術。像是幕府派至美國的**福澤諭吉**、長州送去英國留學的**伊藤博文**等人，很多都是活躍於明治時代的人物。

▨ 薩摩、長州的留學生

　　薩摩和長州特別注重學習歐美列強的知識技術，特地派遣優秀年輕人出國留學。其中包含長州的伊藤博文、薩摩的森有禮等等，之後大多活躍於明治時代。

雖然大家都稱我為英文老師，不過日本真是有趣的國家

我成了日本初代總理大臣哦！

我後來成了初代文部大臣，整頓學校教育！

赫恩（小泉八雲）

伊藤博文

森有禮

　遠從海外聘來日本的專家當中，有動物學家**摩斯**發現了貝塚，為日本建立考古學基礎；還有東洋美術學家**費諾羅薩**保護當時因日本推崇西歐而遭到輕視、荒廢的傳統美術與建築；民俗學家**赫恩（小泉八雲）**也將日本文化撰著成書，推廣至海外。許多人都帶來比技術指導更深遠的影響。

聘僱外國人

　江戶幕府、諸藩與明治政府，皆以優渥報酬招聘外國專家，以便學習海外的技術、學問和制度，對日本的近代化貢獻良多。

05 明治維新的復興變革和以往改革哪裡不同？

　　明治政府廢除由大名世襲統治的藩國，全國改設置縣，並由中央政府決定縣政的施行（**廢藩置縣**）。這是明治政府為日本全國建立的一元統治體系，更是恢復自平安時代以來久違的中央集權制。明治政府雖然因此背負各藩的債務，卻依然堅決實行這項改革。

▨ 廢藩置縣的目的

曉違數百年
總算從武士手中
收回土地了……

後鳥羽上皇

若要用政府頒布的
法律統治全國，
那所有大名都要將
土地全數上繳！

明治天皇

要其他大名
也像我一樣
辭官納地嗎？

德川慶喜

▨ 廢藩置縣的影響

　　廢藩置縣使大名的土地一夕間歸為政府所有，明治政府收回過去由各大名管轄的土地，開始以國家型態統治日本，才得以將地租改正、徵兵令等政策推行全國。

地租改正與農民的損益

對農民而言，實行地租改正後，必須用自己栽種的農作物換成現金來納稅，需要自行承擔作物價格下跌的風險，比較吃虧。但是農民可以隨意栽種稻米以外的作物，對投資暢銷物產的富農來說很有利。

明治政府因為繼承各藩國的債務，導致資金短缺。不只如此，如果和江戶幕府一樣徵收稻米作為稅金，又會面臨兌換的手續和稻米保存不便等問題。明治政府為了解決這些問題，便向廢藩置縣後所得來的土地課稅（**地租改正**）。然而這項對富農有利的制度，卻擴大了農民的貧富差距。

06 明治政府推行哪些政策達到富國強兵目標？

　　明治政府主導建造大型工廠，期望製造大量的產品，銷往海外以賺進大筆的財富（**富國**）。可是民間沒有足夠的資金，政府只能自行出資建造模範工廠，於是在一八七二年建設大規模的**富岡紡紗廠**。政府打算將這些工廠的產品出口海外，以便獲得資金，強化軍事武力（**強兵**）。

富國＝政府主導製造業

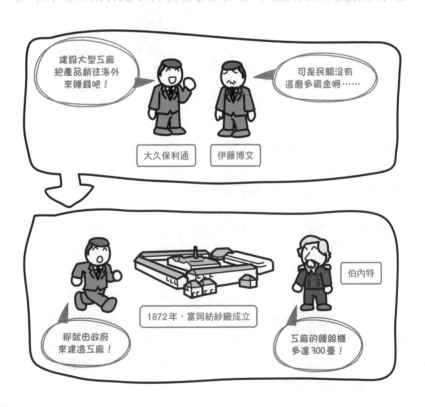

建設大型工廠把產品銷往海外來賺錢吧！

大久保利通

可是民間沒有這麼多資金啊……

伊藤博文

那就由政府來建造工廠！

1872年，富岡紡紗廠成立

工廠的繰絲機多達300臺！

伯內特

強兵＝頒布徵兵令

剝奪士族的特權

1876年，政府先是禁止民眾持刀（廢刀令），並廢除武士世襲的俸祿（秩祿處分）。士族不滿特權遭到剝奪，便群起發動叛亂。

為了因應幕末一系列的戰事，明治政府採行**徵兵制**，讓農民也能以士兵的身分作戰。由於武士以外的人也需要參戰，因此政府才會**廢除武士的特權（帶刀、世襲收入的奉祿）**。失去特權的武士，在經濟上大多窮困潦倒，這股不滿情緒最後爆發**西南戰爭**。士族群起抗爭，最後仍遭政府軍鎮壓。

大日本帝國憲法與現行日本憲法有何不同？

　　與西歐各國外交、協商時，往往**需要憲法作為本國法律的基準**。憲法在西歐國家的起源，原意是為了防止君主濫用權力（例如英國的大憲章）。然而日本在幕末時期，對於主權的界定仍十分模糊，沒有憲法可循，才會與西歐列強簽下了不平等條約，所以明治政府便計劃制定憲法。

沒有憲法就無法協商

民定憲法（美國、法國等）

🟦 民定憲法的特色

以國民作為國家主權的基礎，由國民直接或間接通過議會制定的憲法。19世紀的民定憲法，有美利堅合眾國憲法與法國1791年憲法。現行的日本國憲法也受到國會的認可，可以稱作民定憲法。

欽定憲法（德國等）

🟦 欽定憲法的特色

不以國民作為國家主權的基礎，而是由君主或總統制定的憲法。19世紀的欽定憲法包含德意志帝國憲法與法國1830年憲章。由天皇向國民頒布的大日本帝國憲法，即是欽定憲法。

憲法可以分為由人民制定的**民定憲法**，以及由君主制定的**欽定憲法**。明治政府在制定憲法時，便選擇了不易受到人民干涉的欽定憲法。為此，政府聘請德國的法律學家羅斯勒協助起草憲法，並頒布實行。在當時所有亞洲國家當中，就只有日本和土耳其制定憲法（**立憲國家**）。

脫離亞洲、效仿歐美，脫亞論的背景與論爭

脫亞論是主張日本應當蔑視拒絕近代化的亞洲國家（主要是清朝和朝鮮），力求親近西歐列強的思想。但若是鄰近日本的清朝和朝鮮兩國成為歐美列強的殖民地，日本連帶受到襲擊的可能性勢必也會大增。因此也有人主張日本應當幫助這兩個國家一起推行近代化，以免淪落成為殖民地。

如果清朝與朝鮮成為歐美殖民地

誰叫你們不聽話！打爆你們！

歐美的軍艦

如果歐美掌控清朝和朝鮮，在那裡建設軍事港口……

這下歐美軍艦不就隨時都能轟炸日本港口了嗎！這可不行！

大村益次郎（軍事家）

福澤諭吉（幕臣時期）

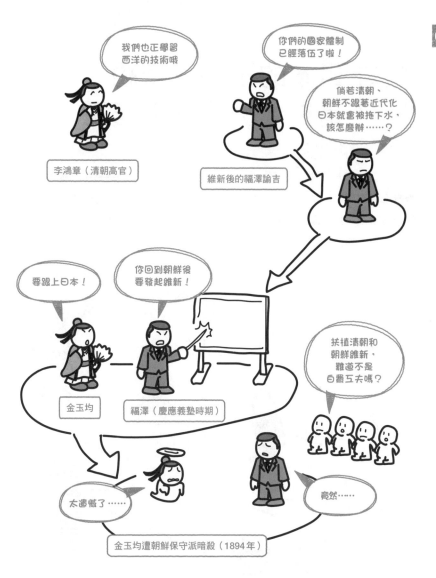

　　在朝鮮的近代化進程上，日本的**福澤諭吉**試圖支援朝鮮的維新人士。福澤教育**金玉均**、**朴泳孝**等志士，期望他們回到朝鮮發起維新運動，但最後卻因為金玉均遭到暗殺而失敗。福澤等人的挫敗，導致日本開始掀起超越西洋列強、率先征服清朝與朝鮮的風潮。

09　日本的不平等條約 是在什麼契機下修正？

　　江戶幕府與西歐列強簽訂的條約，不平等之處主要在於**領事裁判權**與**沒有關稅自主權**這兩點。當日本審判外國人時，是由握有領事裁判權的國家派出本國的領事審判，日本政府無權審判。除此之外，日本也無權決定外國出口日本的商品關稅，無法利用關稅加以保護國內產業。

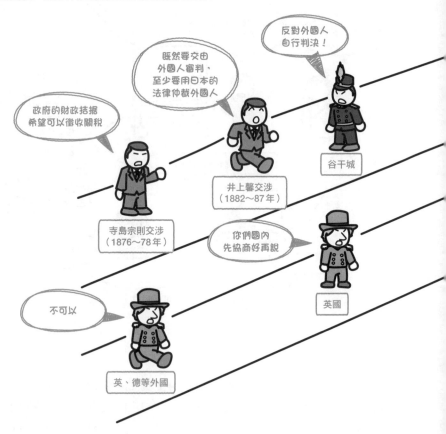

日本得以修正不平等條約的契機，來自英國對俄羅斯事務的協商。英國當時正嚴加警戒俄羅斯在東亞的動向，日本便與英國交涉，自願阻止俄羅斯，於是在一八九四年由外務大臣**陸奧宗光**成功廢除治外法權。到了一九一一年，由於國際地位提升，才由時任外務大臣**小村壽太郎**完全恢復日本的關稅自主權。

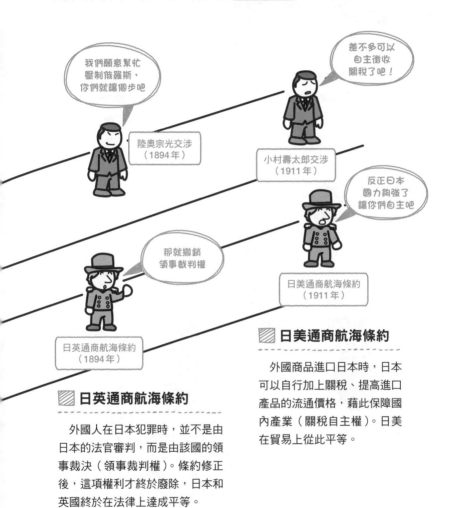

我們願意幫忙壓制俄羅斯，你們就讓個步吧

差不多可以自主徵收關稅了吧！

陸奧宗光交涉（1894 年）

小村壽太郎交涉（1911 年）

反正日本國力夠強了讓你們自主吧

那就撤銷領事裁判權

日美通商航海條約（1911 年）

日英通商航海條約（1894 年）

日美通商航海條約

外國商品進口日本時，日本可以自行加上關稅、提高進口產品的流通價格，藉此保障國內產業（關稅自主權）。日美在貿易上從此平等。

日英通商航海條約

外國人在日本犯罪時，並不是由日本的法官審判，而是由該國的領事裁決（領事裁判權）。條約修正後，這項權利才終於廢除，日本和英國終於在法律上達成平等。

10 戰爭與外交的攻防，日本是如何成為列強？

　　日本在一八九四年與清朝爆發的**甲午戰爭**贏得勝利之際，俄羅斯認定日本若侵占遼東半島，會使俄羅斯得不到本來能在清朝獲得的土地，便於一八九五年利用**三國干涉還遼**，要求日本撤退，而日本最後也只能讓步。日本雖然曾經與俄羅斯協調東亞的土地權利，但最後以失敗告終。

1902年，日英同盟成立

放棄孤立主義

英國在歐洲方面介入鄂圖曼帝國，中亞方面則透過伊朗與阿富汗，試圖阻止俄羅斯南下；但是在遠東卻沒有可以介入的餘力，只好試著拉攏日本。英國在此前一直堅守不結交同盟國的孤立主義，直到日英同盟才終於放棄這個主張。

因此，日本便開始接近與俄羅斯對立的英國。日本的計畫是與世界列強之一的英國組成同盟，藉此提高國際地位。另一方面，英國則是為了阻止俄羅斯從歐亞大陸北方往南擴張，而想要利用日本的地緣之便。由於兩國的利害一致，所以在一九○二年組成日英同盟。

11 日俄戰爭的勝利，對日本不盡然全是好處？

　　日本在**日俄戰爭**中阻止俄羅斯南下，不僅提高國際地位，更一舉躍身成為列強。日俄戰爭在美國的調停之下結束，而日本面臨的財政困境，也因為俄羅斯國內爆發革命而得以紓解。雙方簽訂**日俄協約**，日本和俄羅斯在滿州、朝鮮的紛爭上暫且達成協議。

日俄兩國的情事

　　日本在戰事上雖處於優勢，但戰爭經費已經見底。俄羅斯也因為戰爭導致民不聊生，反抗政府的運動接連爆發。兩國都難以繼續作戰下去。

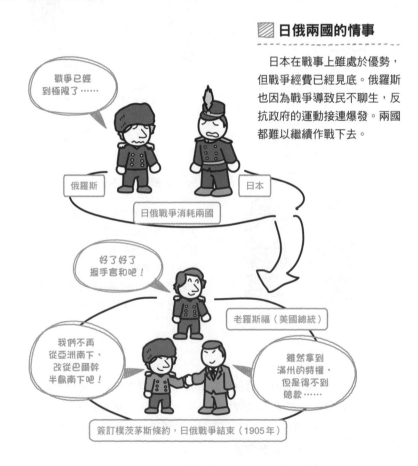

戰爭已經到極限了……

俄羅斯　　　　日本

日俄戰爭消耗兩國

好了好了握手言和吧！

老羅斯福（美國總統）

我們不再從亞洲南下，改從巴爾幹半島南下吧！

雖然拿到滿州的特權，但是得不到賠款……

簽訂樸茨茅斯條約，日俄戰爭結束（1905年）

　　日本的勢力擴張至朝鮮半島後，又更進一步北上，拓展至滿州。然而美國原先便是基於進占滿州的用意，才會介入調停日本與俄羅斯，卻反被日本阻擋在外，導致兩國陷入對立。這件事也促成美國國內形成**排擠日本移民**的反日情感，日美的對立，也種下之後太平洋戰爭的遠因。

12 席捲全球的工業革命，如何在日本催生？

工業革命是指工廠引進機器設備，得以大量製造產品的技術變革。而推廣工業的條件，就是要有財產多到足以採購機器來經營工廠的**資本家**，以及在工廠上班的**勞工**。日本的資本家主要為有力商人，或是大量收購土地致富的富農；相對地，勞工則是由失去土地的農民所構成。

一般工業革命的結構

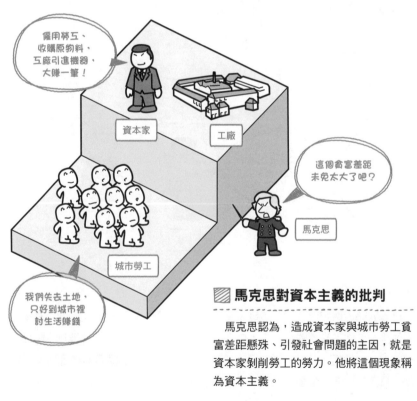

僱用勞工、收購原物料、工廠引進機器，大賺一筆！

資本家　　工廠

這個貧富差距未免太大了吧？

馬克思

城市勞工

我們失去土地，只好到城市裡討生活賺錢

▨ 馬克思對資本主義的批判

馬克思認為，造成資本家與城市勞工貧富差距懸殊、引發社會問題的主因，就是資本家剝削勞工的勞力。他將這個現象稱為資本主義。

工業革命對日本的影響

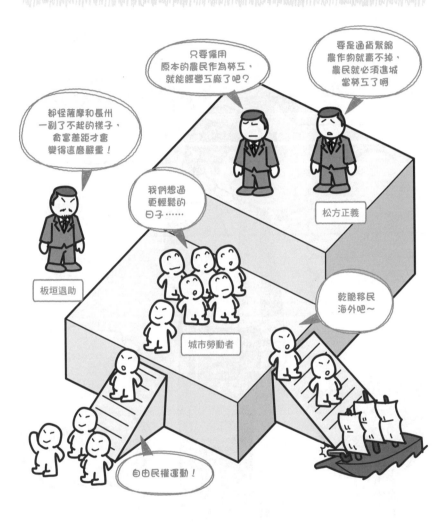

一八八〇年代，由於**松方正義**實施財政緊縮政策，導致通貨緊縮、農產品價格下跌，致使小規模農家只能拋售土地、受僱成為勞動者，收購這些土地的富農則相對成為資本家，進而推動日本的工業革命。勞工為了改善生活，發起自由民權運動、勞動運動，甚至移民海外；部分資本家則與政治家沆瀣一氣。

流行時裝
CHECK

明治時代

◎ 帶裝飾毛的帽子

白色的裝飾毛是敕任（天皇直接任命）文官的象徵！另外有黑色等其他形式。

◎ 外套

從外套的裝飾也能看出官位高低。官員的考量從古至今都沒什麼改變。

◎ 劍

腰間佩戴筆直的軍刀，就連小配件也很講究西化。

明治時代·敕任文官大禮服

　　一八七二年，明治政府的官員制服皆改成西洋形式的服飾。大禮服是當中最高等級的正式服裝，傳統和服僅限於祭祀儀式等場合穿著。這些作法一直沿襲至一九四五年日本戰敗為止。穿著這套大禮服的敕任文官，大抵為中央省廳本省的次官與局長，或是府縣的知事等高級官僚。

◎ 正帽的裝飾

當時之所以採用這種造型的裝飾毛，很有可能是參考武士的頭盔前立。

◎ 肩章

原本是為方便固定肩背的行囊，在這個時代則主要用以彰顯身分階級。這裡採用的肩章並非德國式，而是法國的形式。

◎ 正衣

胸前雖然沒什麼裝飾，不過身分地位崇高的人會在這裡別上很多勳章，有些人甚至掛滿一半以上。

明治時代·
陸軍武官正裝

日本的陸軍乃是參考德國的軍制，海軍則是仿效英國。這份資料為德國式的陸軍服裝，為一九○○至一九四五年間陸軍中校的服飾。上級將校的軍服都具備相當程度的規格，大致上都是特別訂製的私人物品；相對地，下級士官的軍服則是由軍隊統一製造。

西鄉隆盛 的
號召力無遠弗屆

西鄉魅力可不侷限舊薩摩藩

在認識日本的近代史時，不少人以為**西南戰爭**是由西鄉隆盛率領舊薩摩藩的士族，與出兵鎮壓的政府軍之間爆發的戰役。但事實上，西鄉隆盛的軍隊裡也有很多來自外縣的士族參戰。

具體來說，熊本的士族池邊吉十郎即召集以學校黨（在熊本藩的藩校、時習館就學的集團）為中心、約1500人投入；熊本民權黨的宮崎八郎也響應組成協同隊參戰。除了熊本以外，日向、豐前、豐後等地的士族也都留下組隊參戰的紀錄。

各地也出現響應西鄉軍的動向。例如福岡的越智彥四郎便率領約500名士族，試圖攻陷福岡城（**福岡之變**）；在高知，則有立志社的林有造、大江卓、片岡健吉等人與陸奧宗光共謀，但在準備階段便遭逮捕（**立志社之獄**）。這就是西南戰爭被稱為史上最大規模士族叛亂的原因。

chapter 09

大正至昭和前期（戰間）

帝國主義席卷全世界，先馳者才能
得點。日本能夠倖免不被這個二十
世紀的怪物所吞噬嗎？不論當年還
是現在，牠的血盆大口說不定一直
都近在我們身邊。

01 大正的自由民權運動 為什麼發展成政變？

　　明治政府的要員當中，主要由薩摩、長州出身的政治家獨攬決策權（**有司專制**）。渴望參與政治的民眾抗議專制，便發起**自由民權運動**。其中主流人物，正是倡導法國式民主，主張主權在民思想的**板垣退助**，以及提倡英國式民主，提倡君民同治的**大隈重信**，這正是**大正政變**的起源。

大正政變的源流，自由民權運動的兩大巨頭

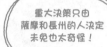

重大決策只由薩摩和長州的人決定未免也太奇怪！

坂垣的政治立場

　　坂垣組成自由黨，主張法國式的主權在民（國家主權由國民掌握）。主要支持階層為士族與富農，後來加入的貧農與勞工手段激進，黨派最後解散。

板垣退助（土佐出身）

大隈的政治立場

　　大隈組成立憲改進黨，主張英國式的君民同治（國王與國民合作執行政務）。主要的支持階層為知識分子和資本家，與三菱財閥關係緊密。

建立國會作為國民協商的場合！

大隈重信（肥前出身）

從軍隊的倒閣行動到大正政變

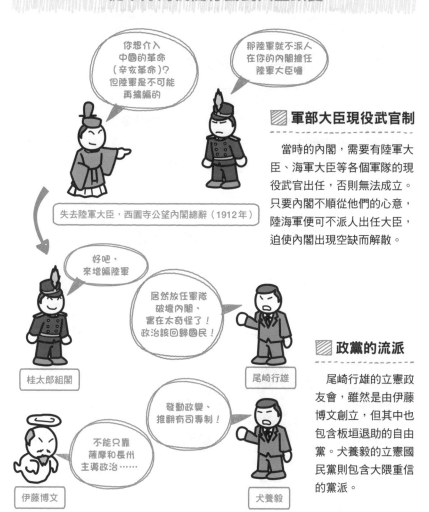

你想介入中國的革命（辛亥革命）？但陸軍是不可能再擴編的

那陸軍就不派人在你的內閣擔任陸軍大臣囉

▨ 軍部大臣現役武官制

當時的內閣，需要有陸軍大臣、海軍大臣等各個軍隊的現役武官出任，否則無法成立。只要內閣不順從他們的心意，陸海軍便可不派人出任大臣，迫使內閣出現空缺而解散。

失去陸軍大臣，西園寺公望內閣總辭（1912年）

好吧，來增編陸軍

居然放任軍隊破壞內閣，實在太奇怪了！政治該回歸國民！

▨ 政黨的流派

尾崎行雄的立憲政友會，雖然是由伊藤博文創立，但其中也包含板垣退助的自由黨。犬養毅的立憲國民黨則包含大隈重信的黨派。

桂太郎組閣

尾崎行雄

發動政變、推翻有司專制！

不能只靠薩摩和長州主導政治……

伊藤博文

犬養毅

　　一九一二年，**西園寺公望**內閣因為陸軍反制而解散，改由以長州陸軍為後盾的**桂太郎**組織下一屆內閣。然而陸軍的專橫行徑，促使**尾崎行雄**、**犬養毅**等人領頭的政黨發起反桂運動，逼迫桂內閣總辭，這場行動就稱作大正政變。繼任首相、薩摩海軍出身的**山本權兵衛**只好推出新政策，向政黨讓步。

02 第一次世界大戰為日本強化國際影響力？

英國與勢力逐漸擴張的**德國**對峙，另一方面，**奧匈帝國**也因為巴爾幹半島的主權爭議，而與**俄羅斯**爆發衝突。這些區域對立日漸升溫，最終導致歐洲分裂為兩大陣營，進而爆發大戰（**第一次世界大戰**）。日本當時則是因為日英同盟，決定加入英國陣營。

第一次世界大戰的背景

和法國聯手擊敗德國！

不打倒你們德國就無法安寧！

其實是你自己想要巴爾幹半島吧！

巴爾幹半島應該給斯拉夫人啦！

英國

德國

奧匈帝國

俄羅斯

敵人的敵人就是朋友，跟戰國時代簡直沒兩樣啊！

織田信長

協約國與同盟國

英國身為協約國的一員，嚴加戒備試圖擴張勢力的德國；俄羅斯則因巴爾幹半島的主權爭議，與德國、奧匈帝國對立。德、奧兩國以同盟國的身分向俄羅斯與法國宣戰後，英國也向德國宣戰，並與俄羅斯等國組成協約國，雙方陣營的對立更加明朗化。

日本在一戰中不勞而獲？

袁世凱與中華民國

1911 年，反抗清朝的革命軍成立中華民國（辛亥革命）。袁世凱雖然是清廷大臣，卻擁有私人軍隊。他以軍事力量為後盾，與新成立的中華民國達成協議，成為中華民國大總統，私下卻打算日後稱帝。

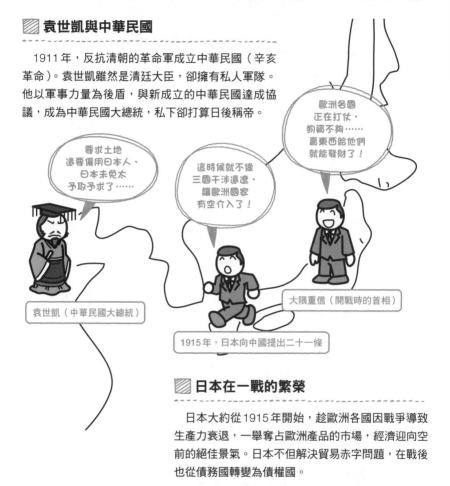

歐洲各國
正在打仗，
物資不夠……
賣東西給他們
就能發財了！

要求土地
還要僱用日本人，
日本未免太
予取予求了……

這時候就不像
三國干涉還遼，
讓歐洲國家
有空介入了！

袁世凱（中華民國大總統）

大隈重信（開戰時的首相）

1915 年，日本向中國提出二十一條

日本在一戰的繁榮

日本大約從 1915 年開始，趁歐洲各國因戰爭導致生產力衰退，一舉奪占歐洲產品的市場，經濟迎向空前的絕佳景氣。日本不但解決貿易赤字問題，在戰後也從債務國轉變為債權國。

日本將軍需品賣給交戰的西歐列強，並且趁著西歐列強集中投入本土作戰之際，一舉搶占亞洲市場，國內出口量大增，景氣變得一片大好。與此同時，日本還趁機干涉西歐列強過去在中國爭奪的特權，強迫中華民國的總統袁世凱接受二十一條，將勢力拓展至中國。

03 訴求民意的政黨政治為什麼會突然結束？

一九一八年，在**原敬**內閣時期正式實行**政黨政治**。政黨政治的運作背景受惠於第一次世界大戰帶來的好景氣，眾多資本家擁有大量的資金，取得政治的發言權；此外，俄羅斯革命也提高日本勞工對政治的關心程度。政黨政治的目標，正是要以天皇主權為基礎，實施國民本位的政策（**民本主義**）。

抱歉，山縣先生我們阻擋不了國民的不滿……

薩摩和長州主導的政治已經沒救了！山縣你差不多也該歸天了吧！

伊藤博文

1918 年，無法平息米騷動寺內正毅內閣解散

終於組成政黨主導的內閣了！

內閣居然又被國民推翻了……

政黨內閣的發展

所謂的政黨內閣，是指內閣的主要閣員由黨員擔任。在政黨內閣之前，是由元老（明治維新的功臣）決定閣員名單。但是隨著國民對政治的關心提高，政黨的影響力大增，才使政黨內閣得以發展。

原敬，初次組成正式的政黨內閣

山縣有朋

1920年代以後，政黨政治造成政爭與貪污頻傳

犬養毅

以勞工、軍人為主的民眾不滿

濱口雄幸

▨ 政治家暗殺事件橫行

不滿意政黨政治的激進派右翼團體，十分仇視政治家，暗殺事件頻傳。1930年濱口雄幸遭槍擊、1932年五一五事件暗殺首相，導致政黨政治崩潰。

　　但是，自從一九二五年頒布**普通選舉法**後，選民人數大增，政黨需要龐大的資金才能選舉，導致政治鬥爭以及與資本家勾結貪污的醜聞頻傳。這些現象使愈來愈多人民對政黨政治失望，對政治人物產生反彈，暗殺事件層出不窮。最後陸軍發起**五一五事件**和**二二六事件**刺殺首相，造成政黨政治徹底瓦解。

04　軍國主義聲勢大漲 全是因為經濟大恐慌？

　　一九二九年發生的**經濟大恐慌**，主因在於美國乘著第一次世界大戰戰後的好景氣持續投資，導致投資與生產均過剩，過度哄抬的股價遽然下跌，引發全球經濟蕭條。當時**全球經濟都仰賴美國的資金**，除了主張社會主義路線而孤立於世界經濟體系外的蘇聯，這股**經濟蕭條波及全球各個國家**。

經濟大恐慌的連鎖效應

區域經濟圈

　　經濟大恐慌時期，各國為了保護本國產品，開始限制外國產品進口（區域經濟圈）。此舉導致各國出口量大減，尤其是缺乏殖民地的日本和德國，更渴望開拓市場，種下兩國日後侵略他國的遠因。

194

經濟停擺，燃起軍隊的希望……？

▨ 二二六事件與陸海軍的對立

1936年2月26～29日，陸軍青年軍官發動政變，占領東京永田町一帶。海軍出身的內大臣齋藤實遭到暗殺，同樣海軍出身的岡田啟介、鈴木貫太郎也遭襲擊。這起事件導致陸軍與海軍的對立更加嚴重。

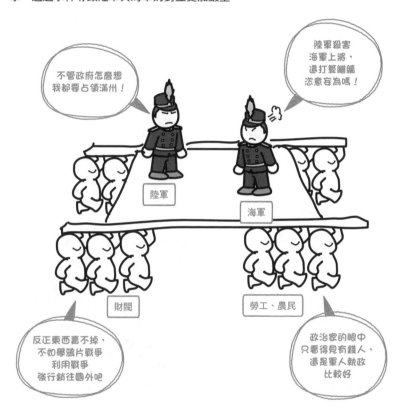

各國為了保護自己的市場，紛紛提高關稅，採取**貿易保護主義**。但因為日本沒有殖民地，市場非常少，於是財閥等資本家便**協助軍隊發起戰事，搶奪海外市場**。另一方面，對政黨政治失望的勞工與農民，也對軍隊寄予厚望。然而，日本軍部的陸軍與海軍，卻因為二二六事件而對立。

05 第二次大戰期間，日本如何與美國開戰？

　　美國與日本爭奪**滿州與中國的特權**（鋪設鐵路、資源開挖權、銷售產品的市場等等），兩國之間隱約形成對立之勢，但由於日本需要從美國進口石油和鐵，所以雙方表面上依然透過貿易保持良好的關係。不過，日本的軍部卻認為**依靠與美國的貿易**來維繫日本的產業與國防，實屬危險之舉。

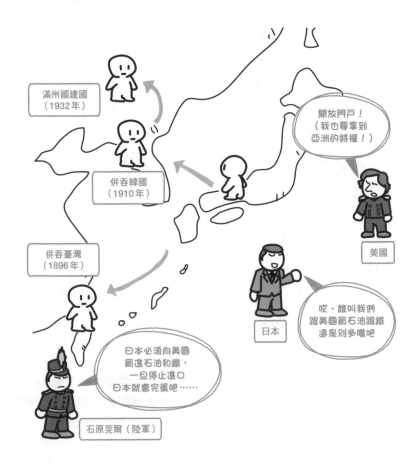

滿州國建國（1932年）

併吞韓國（1910年）

併吞臺灣（1896年）

開放門戶！（我也要拿到亞洲的特權！）

美國

日本

咦，誰叫我們跟美國買石油跟鐵還是別多嘴吧

日本必須向美國買進石油和鐵，一旦停止進口日本就會完蛋吧……

石原莞爾（陸軍）

第二次世界大戰&日美開戰

赫爾備忘錄與日美開戰

1941年11月，美國國務卿赫爾向日本提出交涉文書，要求日本無條件從中國和中南半島撤軍。日本內閣認為軍部和國民都不可能接受這種條件，遂拒絕與美國協議。隔月12月，珍珠港事件爆發。

此時，日本的勢力逐漸擴及中國和東南亞（九一八事變、中國抗日戰爭、占領法屬印度支那等等），展現出**不再繼續依賴美國貿易**的動向。美國由此認定日本有開戰的意圖，遂要求日本**從東南亞與中國撤兵**。但日本無法放棄這些投入龐大軍費才拓展成功的勢力範圍，最終雙方交涉決裂，正式開戰。

06 日本的南洋美夢，南進戰略的開始與受挫

　　太平洋戰爭前夕，日本受到美國及其同盟國的**經濟制裁**，軍部將此制裁行動稱為ABCD包圍網。同盟國的制裁手段，導致日本的石油、鐵、橡膠、錫等進口資源不足。日本為了籌措這些資源，便將勢力擴張到當時歐美列強的殖民——東南亞，奪取他們的殖民地。

對日經濟制裁（ABCD包圍網）

日本占領與經濟混亂

英國、荷蘭等宗主國，會壓榨殖民地的資源和勞力；殖民地則是將工廠製造的工業產品外銷。殖民地與宗主國之間有密切的經濟關係，但日本卻無法完全替代舊宗主國的職責，結果引發當地經濟混亂。

然而，日本並沒有足夠的生產力，可以充分運用歐美列強開發的資源，結果導致當地賴以維生的人民失去工作。不只如此，歐美列強所製造的產品在當地市場也日益稀缺，物資的缺乏進而引發嚴重的通貨膨脹。接二連三的問題，導致**經濟混亂**逐漸擴大，無法妥善紓解日本資源不足的問題。

07 大東亞共榮圈的真貌，亞洲的犧牲與後續

日本軍隊進占的**中國大陸和東南亞**，除了投入戰事的戰死軍人以外，也有因為經濟混亂，或是糧食被缺乏物資的軍隊徵收而餓死的百姓，以及在強制勞動下過勞而死的人，**造成大量的犧牲者**。戰後，包含這些人為受害的案例在內，幾乎所有賠償的要求都因為舊金山和約而被迫放棄。

二戰中亞洲主要地區的犧牲人數

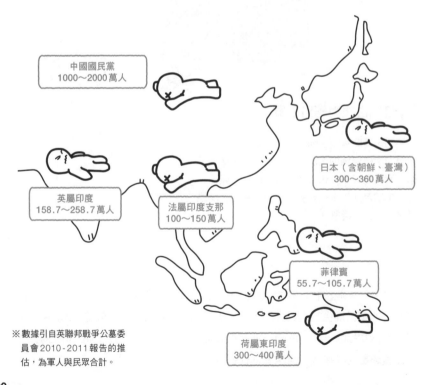

中國國民黨
1000～2000 萬人

日本（含朝鮮、臺灣）
300～360 萬人

英屬印度
158.7～258.7 萬人

法屬印度支那
100～150 萬人

菲律賓
55.7～105.7 萬人

荷屬東印度
300～400 萬人

※ 數據引自英聯邦戰爭公墓委員會 2010-2011 報告的推估，為軍人與民眾合計。

從殖民統治到印尼獨立

日本兵與獨立戰爭

　　日本宣稱要讓亞洲從殖民統治中解放，所以部分日本兵也協助印尼和越南打獨立戰爭。這個行為雖然受到獨立派肯定，卻違反波茨坦宣言，令日本政府大為頭痛。

　　可是另一方面，日本也讓受到歐美列強統治的東南亞殖民地人民，普遍接受近代教育和軍事訓練。在第二次世界大戰後，更為**東南亞各國培養出發起獨立戰爭的實力**，因而得到肯定。舉例來說，在印度尼西亞獨立戰爭時期，大約便有九百名日本士兵參戰幫助印尼。

天皇的 人間宣言 其實別有深意？

主旨在於開頭的五箇條御誓文

日本在1946年元旦發表的詔書中，否定了昭和天皇的神性，這份詔書俗稱為「人間宣言」。不過，整份公報中**並沒有出現「人間」或「宣言」這些字眼**。原文中意思相當的部分，僅有「朕與爾等國民之間的紐帶，始終由互相之信賴和敬愛所結成，而非單依神話和傳說而生；亦非基於『認為天皇是現世神、且日本國民比其他民族優越，從而延及支配世界的命運』這種架空的概念」，在當時的日本並沒有引起太大的議論。

最需要關注之處，反而是「人間宣言」開頭引用的**五箇條御誓文**。昭和天皇在1977年的記者會中，公開表示這份詔書的主旨是希望喚醒國民的記憶，了解民主主義是由明治天皇奠定的治國方針，絕非來自外國的思想。

chapter 10

昭和中期（戰後）至現代

當自己出生後經歷過的事件，已經可以稱為「歷史」時，總有年華老去之感。不過，這段期間登場的人物，至今也和我們共同努力、一路走來始終創造歷史。

01 軍事占領下的日本 在冷戰扮演什麼角色？

　　第二次世界大戰後，日本被美軍主導的**盟軍最高司令官總司令部（GHQ）**占領，這是日本史上首次遭到外國全面占領。日本政府必須按照盟軍最高司令部的指示施政，不過盟軍最高司令部內部也對立不斷，例如要求日本解除武裝後又指示必須重新備戰，朝令夕改。

美國與蘇聯的亞洲角力

美國與蘇聯在東亞都各自扶植勢力，作為後盾。美國底下有中國國民黨與韓國，蘇聯則有中國共產黨與北朝鮮。

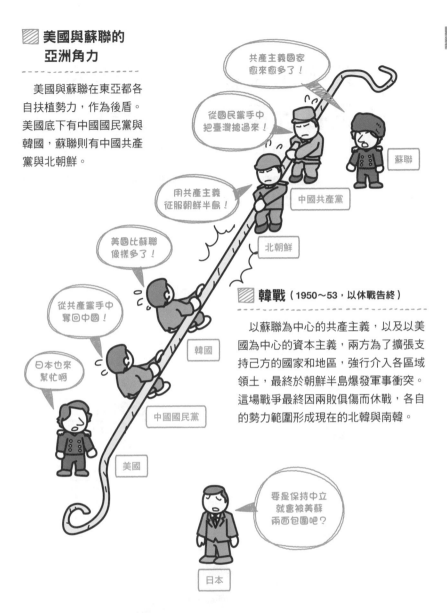

共產主義國家愈來愈多了！

從國民黨手中把臺灣搶過來！

蘇聯

中國共產黨

用共產主義征服朝鮮半島！

北朝鮮

美國比蘇聯像樣多了！

從共產黨手中奪回中國！

韓國

日本也來幫忙啊

中國國民黨

美國

韓戰（1950～53，以休戰告終）

以蘇聯為中心的共產主義，以及以美國為中心的資本主義，兩方為了擴張支持己方的國家和地區，強行介入各區域領土，最終於朝鮮半島爆發軍事衝突。這場戰爭最終因兩敗俱傷而休戰，各自的勢力範圍形成現在的北韓與南韓。

要是保持中立就會被美蘇兩面包圍吧？

日本

　在東亞地區，由**蘇聯、中國共產黨、北朝鮮**組成的共產主義陣營，與**美國、中國國民黨、韓國**組成的資本主義陣營，兩派之間的對立愈演愈烈時，日本才終於選擇支持美國。一九五〇年爆發的**韓戰**中，日本投入生產聯合國軍（資本主義陣營）所需的物資，海上保安廳也協助處理海中的炸彈。

02 舊金山和約與安保條約是在什麼背景下簽訂？

　　一九五一年簽訂的**舊金山和約**，讓日本得以脫離盟軍最高司令部的占領，重獲**獨立**。此時，日本放棄與蘇聯、中國（中華人民共和國）等共產主義國家和談，優先與美國等資本主義國家協商（片面講和），可見日本在美蘇冷戰對峙中，已經完全站在資本主義陣營這一側。

全面講和 vs 片面講和

艾森豪（美國總統）：日本也獨立，然後加入我們資本主義陣營吧

吉田茂（首相）：那我得跟你們簽訂太平洋戰爭的和約才行

南原繁（東京大學校長）：簽了那種條約就代表日本完全屬於資本主義陣營了！應該也要跟共產陣營協商、全面講和才對！

能獨立比較重要

1951年，簽訂舊金山和約

急需安保條約的東亞情勢

日本獨立後，必須憑藉自身軍力保衛國家，但是日本在占領時期就已經解除武裝，缺乏足以對抗蘇聯等國的軍事力量。為了避免共產主義陣營進侵日本，日本與美國簽訂**安保條約**，允許美軍駐紮在日本的部分領土上。這項作法在一九六○年修訂後，取代一九五一年的舊約，沿襲至今。

03 高度經濟成長所造就的光明與陰影

　　日本進入一九五〇年代以後，開始以出口為導向，經濟大幅成長，經濟指標恢復至戰前的水準。到了六〇年代，日本的工業生產、進出口、實質GDP（國內生產毛額）已經超過戰前的兩倍。持續繁榮的景氣與經濟成長，促使家電等**耐久財**在普羅大眾的生活中廣泛普及，國民生活水準大大提高。

日本購買力平價的演進（實質人均GDP）

電器產品三神器

　　傳統三神器是指天皇代代傳承的劍、鏡與勾玉。50年代後半開始普及的3種主要電器（黑白電視、冰箱、洗衣機）也被比喻為三神器。

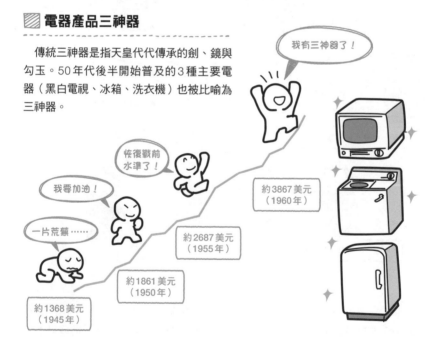

我有三神器了！

恢復戰前水準了！

我要加油！

一片荒蕪……

約3867美元（1960年）

約2687美元（1955年）

約1861美元（1950年）

約1368美元（1945年）

※數據引自總務省「長期統計系列」

高度經濟成長的代價——水俣病

（股）chisso水俣工廠

汞化合物廢液

1951 年，chisso 公司的技術人員提出工廠廢水混入汞化合物（有機水銀）的危險性，但公司高層卻置之不理。

這樣我們會沒工作！

工廠停業！

1959年，熊本大學和厚生省（現厚生勞動省）認為chisso工廠的排放廢水就是水俣病的病因，但chisso公司卻矢口否認。水俣市內也有許多居民在chisso工作，因經濟問題而與其他住民對立。

水俣病的發端

1953 年前後，熊本縣水俣市發生多起貓狗因運動障礙而死亡的案例。後來同樣的症狀也開始出現在人類身上，但始終找不出病因。

1968年，厚生省（現厚生勞動省）公布水俣病的病因出自chisso工廠，勒令工廠停業。

另一方面，由於工廠過度重視生產與經濟活動，輕視廢水和氣體的排放處理問題。結果，工廠周邊的環境污染逐漸擴大，甚至導致**水俣病、痛痛病、四日市哮喘**等公害事件。直至一九七〇年代，政府才制定公害防治法，並設置環境廳（現環境省）和公害調整委員會。

04 日本戰後的金融措施，護送船隊為何消失了？

　　戰前的日本，曾經歷銀行資金不足而破產，引發企業接連倒閉的連鎖反應，造成社會不安擴大。戰後為了**防止銀行破產與企業倒閉的連鎖效應**，便由政府機關分別指導並規範各個業界，遏止過度競爭。這種作法就像是護送船隊，所有船隻都必須配合速度最慢的船，所以稱為**護送船隊**金融體系。

護送船隊的意義

護送船隊的轉型

要是大家都配合競爭力這麼弱的船，勢必會在全球競爭中落後別人了吧！

日本的護送船隊

我們跟不上所以破產了……

只留下有能力自由競爭的公司就行了！

民營化下的新生企業

80 年代在政府主導下，日本出現國營 JT（前專賣公社）、NTT（前電信電話公社）、JR（前國有鐵道）等企業，且全數廢除自由競爭的限制。

鼓勵自由競爭國營企業也都民營化吧！

美國、英國等國

中曾根康弘（首相）

　　然而進入八〇年代後，政府開始擔憂護送船隊的體系會使日本在海外競爭中落於下風，於是**新保守主義**應運崛起。他們主張放寬護送船隊的規範與相關法律，希望透過自由競爭來提高經營效率，因此專賣公社、電信電話公社、國有鐵道等國營企業紛紛民營化，轉變為**JT、NTT、JR**等股份公司。

05 泡沫經濟與平成大蕭條是怎麼發生？

　　一九八五年，由於美國出現巨額貿易赤字，於是各國協議調整匯率，使**美金貶值**。美元貶值（日圓升值）後，日本出口產業的利潤大幅下降，連帶造成國內經濟不景氣；不景氣導致企業減少貸款投資，經濟更加不景氣。日本銀行為了遏止這種情況，便主動**放寬央行貼放利率**，降低企業貸款的門檻。

日本的泡沫迅速膨脹

我國進口量太大，貿易赤字好嚴重，你們幫忙壓低美元匯率吧

美國要是減少進口我們的東西就賣不出去，經濟會不景氣欸

就算不景氣也要方便大家貸款，公司行號才有足夠的營運資金

雷根（美國總統）

中曾根康弘（首相）

根據廣場協議，各國幫助美元貶值（1985 年）

日本銀行

貸款變簡單，就代表土地等抵押品需求會上升吧？

那就調高地價倒賣土地來發財！

土地神話

80 年代的日本，民眾深信土地的價格會不停飆升，這種現象後來就稱為土地神話。

泡沫崩潰為什麼造成經濟蕭條？

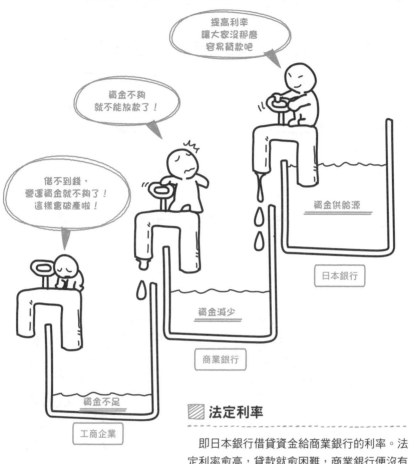

法定利率

　　即日本銀行借貸資金給商業銀行的利率。法定利率愈高，貸款就愈困難，商業銀行便沒有足夠的資金借給投資人。不過現在日本政府已經不會透過這個手段來調節資金。

　　放寬利率的結果，導致作為貸款抵押品的土地需求大增，**地價不斷升值**，利用倒賣土地賺大錢的人也愈來愈多。日本銀行為了防範土地升值造成**地價暴漲**，便提高法定利率，並規範銀行貸款的門檻。結果地價因此暴跌，企業貸款不易、缺乏營運資金而陸續破產，造成平成年間經濟大蕭條。

06 跨太平洋與亞洲中心，新世紀的經濟同盟動員

二〇一五年，包含日本在內，以環太平洋為主的國家普遍同意並簽署**跨太平洋夥伴全面進步協定（TPP）**。TPP的目標是廢除或調降成員國之間的關稅，增加貨物進出口量，活絡各國經濟發展。經濟同盟一旦加深，戰爭爆發時所造成的損失也會變大，提高戰爭的風險，所以也具有遏止戰爭的效果。

自由貿易真的必要嗎？

養不起老人了……

少子高齡化社會

薪水都沒有變多……

通貨緊縮惡性循環

光靠日本不可能改善景氣！

安倍晉三（首相）

利用貿易刺激物資需求吧！

不加入的話日本會愈來愈窮……

2015年10月，TPP協議形成共識

※此為2016年11月24日的資訊

貿易與戰爭的關係

平時貿易繁榮的國家，要是發生戰爭、造成貿易中斷，損失會非常龐大，戰爭風險相對提高。二戰期間貿易關係破裂也是造成戰爭的一大原因。

成員僅限太平洋周邊國家嗎？

TPP的參與國家

　　所有參與協定的國家，人口合計約7億7千萬人，占全世界人口的11%、約36%的GDP。只要協定生效，就能實現世界最大規模的自由貿易圈。協定內容除了降低關稅，也包含服務和投資的貿易自由化。但光是這些議題的協調便寸步難行，從2010年3月開始協議，直到取得參與國同意，總共耗費5年以上。

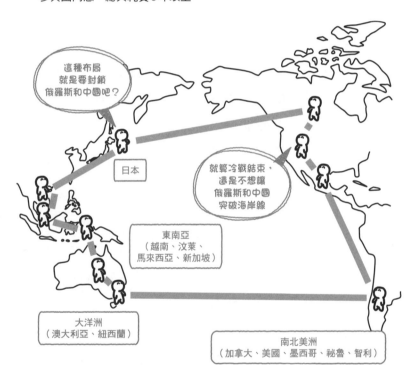

　　美國為了避免協定國之間爆發戰爭，特意將太平洋周邊的國家全部納入TPP的範疇內，同時也有藉此對抗中國與俄羅斯的意圖。相對於此，中國則是組織並主導**亞洲基礎設施投資銀行（AIIB，簡稱亞投行）**，建構以投資為中心的經濟關係，以此對抗TPP與美國。

▨ 日本史年表

※ 未特別考究年代的條目，皆以《日本史広辞典》
（山川出版社）為時間依據。

章	年代	事件
1	約 35000 年前	舊石器時代開始
	約 13000 年前	繩文時代開始
	前 3000	開始出現巨大的貝塚，建造環濠聚落
	前 1500	開始栽種稻米
	前 300	彌生時代開始
	57	倭奴國王向東漢朝貢，受封印璽
	239	倭女王卑彌呼被封為親魏倭王，受封金印
2	391	倭軍渡海進攻百濟、新羅
	538	佛教從百濟傳入日本
	552	發生崇佛論爭
	587	蘇我馬子消滅物部氏
	593	廄戶皇子（聖德太子）成為皇太子，開始參政
	603	制定冠位十二階
	604	制定十七條憲法
	607	派遣小野妹子出使隋朝
	645	中大兄皇子、中臣鎌足消滅蘇我氏（乙巳之變）
	646	制定大化薄葬令
	663	倭軍與百濟軍於白江口敗給唐與新羅聯軍
	670	編制庚午年籍
	672	大海人皇子逼迫大友皇子自盡（壬申之亂）
	694	遷都藤原京

	701	制定大寶律令
	710	遷都平城京
	723	制定三世一身法
	729	長屋王因謀反嫌疑，被迫自盡（長屋王之變）
	738	橘諸兄就任右大臣
	740	藤原廣嗣之亂
	743	制定墾田永年私財法
	752	奈良大佛開光
	764	惠美押勝之亂
	765	道鏡成為太政大臣禪師
	770	道鏡遭到流放
	784	遷都長岡京
3	794	遷都平安京
	805	德政論爭，決定停止建設安平京 最澄開創天台宗
	806	空海開創真言宗
	894	菅原道真進諫朝廷停止派遣遣唐使
	1016	藤原道長成為攝政。藤原氏的全盛時期
	1051	前九年之役開始（～1062）
	1069	頒布延喜莊園整理令
	1083	後三年之役開始（～1087）
	1086	白河上皇開始實施院政
	1159	平治之亂。平氏影響力大增
	1167	平清盛就任太政大臣。平氏的全盛時期

		1180	源賴朝舉兵
		1185	平氏滅亡。賴朝獲得守護、地頭的任命權
		1192	源賴朝就任征夷大將軍
		1199	賴朝去世，實施十三人合議制
		1221	後鳥羽上皇舉兵（承久之亂）
		1224	北條泰時成為執權
		1232	制定御成敗式目
4		1274	元軍進攻九州（文永之役）
		1281	元軍再度進攻九州（弘安之役）
		1297	頒布永仁德政令
		1317	文保和談
		1321	後醍醐天皇登基。廢除院政
		1324	後醍醐天皇的倒幕計畫洩露（正中之變）
		1331	後醍醐天皇的倒幕計畫洩露（元弘之變）
		1333	鎌倉幕府滅亡
5		1335	中先代之亂。足利尊氏反叛後醍醐天皇
		1336	後醍醐天皇逃至吉野。室町幕府創立
		1338	足利尊氏就任征夷大將軍
		1350	前期倭寇活躍 琉球三山（北山、中山、南山）分立
		1352	制定半濟令
		1392	南北朝統一
		1401	足利義滿派遣第一次遣明船
		1404	勘合貿易開始

	1428	正長土一揆
	1429	尚巴志建立琉球王國
	1457	胡奢麻尹之戰
	1467	爆發應仁・文明之亂（～1477）
	1493	伊勢盛時（北條早雲）消滅伊豆的堀越公方
	1543	鐵砲傳入
	1549	基督教傳入
	1568	織田信長擁護足利義昭上洛
	1571	信長火燒比叡山
	1573	織田信長流放足利義昭。室町幕府滅亡
6	1582	信長死於本能寺之變。羽柴秀吉於山崎合戰大勝 秀吉開始檢地
	1585	秀吉就任關白
	1586	秀吉就任太政大臣
	1587	秀吉頒布伴天連追放令
	1588	秀吉頒布刀狩令
	1590	秀吉平定奧州，統一全國
	1592	秀吉出兵朝鮮（文祿之役）
	1597	秀吉再度出兵朝鮮（慶長之役）
	1600	關原之戰爆發
	1603	德川家康就任征夷大將軍
7	1615	大坂夏之陣爆發。豐臣氏滅亡
	1616	限制歐洲船舶僅能停靠平戶、長崎兩港
	1637	島原之亂（～1638）

	1643	頒布田畑永代賣買禁止令
	1687	頒布生類憐憫令（～1709）
	1716	享保改革（～1745）
	1787	寬政改革（～1793）
	1825	制定異國船打退令
	1837	大鹽平八郎之亂
	1841	天保改革（～1843）
	1853	黑船來航，培里率艦隊直入浦賀
	1858	簽訂日美修好通商條約。安政大獄
	1866	薩長聯盟成立
	1867	大政奉還。王政復古大號令
	1868	戊辰戰爭爆發
	1871	廢藩置縣
	1873	地租改正
8	1874	佐賀之亂
	1876	敬神黨（神風連）之亂、秋月之亂、萩之亂等士族騷亂陸續爆發
	1877	西南戰爭爆發
	1889	頒布大日本帝國憲法
	1894	甲午戰爭爆發（～1895）
	1904	日俄戰爭爆發（～1905）
	1910	併吞韓國
9	1913	發起第一次護憲運動
	1914	第一次世界大戰參戰

	1915	向中國提出二十一條要求
	1925	制定治安維持法、普通選舉法
	1931	九一八事變
	1932	發表滿州國建國宣言
	1936	二二六事件
	1937	中國抗日戰爭（～1945）
	1940	進駐法屬印度支那北部。德義日三國同盟成立
	1941	簽訂日蘇中立條約。進駐法屬印度支那南部 偷襲珍珠港、太平洋戰爭爆發（～1945）
	1945	東京大空襲。美軍占領沖繩 廣島與長崎原子彈爆炸。日本接受波茨坦宣言
	1946	召開遠東國際軍事法庭（東京審判） 頒布日本國憲法
	1951	簽訂舊金山和約、美日安保條約
	1956	日蘇共同宣言。日本加入聯合國 確認水俁病的發生
	1968	日本的GNP在資本主義陣營中位居第二
	1972	沖繩回歸日本
10	1985	廣場協議
	1987	JR成立
	1995	阪神、淡路大地震
	2002	日本、北韓舉辦日朝首腦會談
	2004	派遣自衛隊前往伊拉克
	2011	東日本大地震
	2015	TPP（跨太平洋夥伴全面進步協定）達成大致共識

参考文獻

『日本史広辞典』（山川出版社）

『詳説日本史B　2012年文部科学省検定済』（山川出版社）

『山川詳説日本史図録　第6版』（山川出版社）

『30の戦いからよむ日本史　上　』小和田哲男監修（日本経済新聞出版社）

『30の戦いからよむ日本史　下　』小和田哲男監修（日本経済新聞出版社）

『一冊でわかる 芸術・美術・建築からわかる日本史』小和田哲男監修（成美堂出版）

『日本史年表・地図（2016年版）』児玉幸多編（吉川弘文館）

『超速！　最新日本近現代史の流れ』竹内睦泰著（ブックマン社）

『超速！　最新日本史の流れ』竹内睦泰著（ブックマン社）

『地政学でよくわかる！　世界の紛争・戦争・経済史』神野正史監修（コスミック出版）

『日本服飾史　男性編』井筒雅風著（光村推古書院）

『日本服飾史　女性編』井筒雅風著（光村推古書院）

『琉球王国』高良倉吉著（岩波書店）

『アフリカで誕生した人類が日本人になるまで』溝口優司著（SBクリエイティブ）

『季刊考古学　012　縄文時代のものと文化の交流』戸沢充則編（雄山閣）

『日本人はどこから来たのか？』海部陽介著（文藝春秋）

『ここまでわかった！　縄文人の植物利用』工藤雄一郎、国立歴史民俗博物館編（新泉社）

『弥生時代の歴史』藤尾慎一郎著（講談社）

『渡来の古代史　国のかたちをつくったのは誰か』上田正昭著（KADOKAWA/角川学芸出版）

『東アジア世界と古代の日本』石井正敏著（山川出版社）

『飛鳥の宮と寺』黒崎直著（山川出版社）

『律令制とはなにか』大津透著（山川出版社）

『平城京　全史解読』大角修著（学研）

『古代都市平城京の世界』舘野和己著（山川出版社）

『地方官人たちの古代史　律令国家を支えた人びと』中村順昭著（吉川弘文館）

『武士と荘園支配』服部英雄著（山川出版社）

『鎌倉幕府と朝廷』近藤成一著（岩波書店）

『日本の歴史〈9〉南北朝の動乱』佐藤進一著（中央公論新社）

『太平記の時代 日本の歴史11』新田一郎著（講談社）

『室町幕府論』早島大祐著（講談社）

『戦国武将』小和田哲男著（中央公論新社）

『NHKさかのぼり日本史（7）戦国　富を制する者が天下を制す』小和田哲男著（NHK出版）

『一目でわかる江戸時代—地図・グラフ・図解でみる』竹内誠監修、市川寛明編（小学館）

『近世の三大改革』藤田覚著（山川出版社）

『明治維新　1858-1881』坂野潤治、大野健一著（講談社）

『幕末・維新—シリーズ日本近現代史〈1〉』井上勝生著（岩波書店）

『大正デモクラシー—シリーズ日本近現代史〈4〉』成田龍一著（岩波書店）

『アジア・太平洋戦争—シリーズ日本近現代史〈6〉』吉田裕著（岩波書店）
『まるごとわかる！　太平洋戦争』歴史群像編集部（学研パブリッシング）

『昭和天皇の研究』山本七平著（祥伝社）

『占領と改革—シリーズ日本近現代史〈7〉』雨宮昭一著（岩波書店）

『昭和史　戦後篇　1945-1989』半藤一利著（平凡社）

STAFF

編輯　坂尾昌昭、小芝俊亮、住友光樹、川村将貴（株式会社G.B.）
内文插畫　熊アート
封面插畫　別府拓（G.B. Design House）
封面、内文設計　別府拓（G.B. Design House）

監修 小和田哲男

1944年出生於靜岡市，1972年早稻田大學文學研究所博士班課程結業，2009年3月從靜岡大學退休，現為靜岡大學名譽教授。主要著書與監修作品有《日本人這樣學歷史：神話日本》（全3卷，漫遊者文化）、《日本人這樣學歷史‧人物篇》（全3卷）、《破解！清須會議的50個謎團》（遠足文化）、《日本戰國武將圖解》（商周出版）、《戰國武將的領導決斷學》（遠流）等書。

ゼロからやりなおし！日本史見るだけノート
(ZERO KARA YARINAOSHI！NIHONSHI MIRU DAKE NOTE)
by Tetsuo Owada
Copyright © 2019 by Tetsuo Owada
Original Japanese edition published by Takarajimasha, Inc.
Chinese (in traditional character only) translation rights arranged with
Takarajimasha, Inc. through CREEK & RIVER Co.,Ltd., Japan
Chinese (in traditional character only) translation rights
© 2019 by Maple Book

出　　　版／楓樹林出版事業有限公司
地　　　址／新北市板橋區信義路163巷3號10樓
郵 政 劃 撥／19907596 楓書坊文化出版社
網　　　址／www.maplebook.com.tw
電　　　話／02-2957-6096
傳　　　真／02-2957-6435
監　　　修／小和田哲男
翻　　　譯／陳聖怡
責 任 編 輯／江婉瑄
內 文 排 版／楊亞容
港 澳 經 銷／泛華發行代理有限公司
定　　　價／380元
出 版 日 期／2020年2月

國家圖書館出版品預行編目資料

日本史看看就好筆記／小和田哲男監修
；陳聖怡翻譯. -- 初版. -- 新北市：楓
樹林，2020.02　面；　公分

ISBN 978-957-9501-57-6（平裝）

1. 日本史

731.1　　　　　　　108020233